COLECCIÓN DORADA

INTERÉS GENERAL

NOSTRADAMUS
y la guerra
ISLAM-OCCIDENTE

"¡Ay! ¡Si Dios no envía paz a la Tierra!"
Hélas! Si Dieu n'envoye paix en Terre!
VIII-4

Gonzalo Echeverri Uruburu

NOSTRADAMUS
y la guerra
ISLAM-OCCIDENTE

Villegas
editores

Libro diseñado y editado en Colombia por
VILLEGAS EDITORES S. A.
Avenida 82 No. 11-50, Interior 3
Bogotá, D. C., Colombia.
Conmutador (57-1) 616 1788
Fax (57-1) 616 0020
e-mail: informacion@VillegasEditores.com
e-mail del autor: gonech@hotmail.com

Editor
BENJAMíN VILLEGAS

Departamento de Arte
HAIDY GARCÍA

Investigación Gráfica
JUAN DAVID GIRALDO

Primera edición, junio 2004
Primera reimpresión, noviembre 2004

ISBN,
958-8160-69-3

Preprensa,
Zetta Comunicadores

Impreso en Colombia por
Panamericana Formas e Impresos S. A.

VillegasEditores.com

CONTENIDO

Mich. Nostradamus

INTRODUCCIÓN

No hay duda de que la obra profética de Nostradamus ha fascinado a muchas generaciones. Esto es tan cierto que aún hoy día, después de más de cuatrocientos años de haber sido publicados, sus escritos mantienen plena vigencia, hecho que realmente es casi único en la historia de los profetas no bíblicos. Y este masivo interés se ha renovado después de los trágicos acontecimientos del once de septiembre: las páginas de internet sobre el vidente sufrieron un total colapso debido a las innumerables consultas de quienes –ansiosos por el porvenir– querían despejar en alguna forma un futuro que, ciertamente, a todos nos parece inquietante.

Son muchas, muchísimas, las interpretaciones que se han dado a la obra del vidente de Salon. Tantas y tan confusas como los libros que sobre el mismo ocupan una interminable bibliografía. Y todas sólo están plenamente de acuerdo en una cosa: la interpretación de sus cuartetas presenta una extraordinaria dificultad que proviene del deliberado propósito del vidente de ocultar el sentido de sus predicciones, velándolo con frases, metáforas y expresiones muy oscuras y con referencias históricas, astrológicas y mitológicas muchas veces inescrutables. Fuera de ello, Nostradamus cambia o inventa palabras y omite constantemente el uso de las preposiciones, empleando una sintaxis arbitraria, todo lo cual hace que su obra, cuando se lee en forma apresurada, parezca un

Leonard Gaultier, retrato de Nostradamus, *grabado, siglo* XVII. *En: David Ovason,* Los secretos de Nostradamus, *Plaza & Janés, 1999.*

verdadero galimatías. Y como si lo anterior no fuera suficiente para hacer aún más enigmáticas sus estrofas, estas presentan numerosos errores tipográficos y múltiples variantes en sus diversas ediciones, y son tantos unos y otros que parece que los editores se hubieran puesto de acuerdo con el profeta para hacer más confusa, si se puede, su obra.

Pero sólo quien lee descuidadamente las *Centurias* tendrá este juicio ligero que con desdén le impulsará a dejar el libro a un lado y considerar su obra como la de un alucinado o simple charlatán que se complacía en dejar por escrito frases del todo incoherentes. Porque un estudio detenido, y sobre todo metódico de las *Prophéties*, nos permite llegar a una conclusión muy diferente: la de Nostradamus es una obra plena de sentido y en verdad presenta un desarrollo y un orden secuencial de los sucesos futuros de la humanidad, pero sobre todo de sus grandes conflictos políticos y religiosos, referidos principalmente a Europa y, en particular, a Francia, su amada patria.

Son muchos también los que, intentando descifrar las famosas cuartetas, han producido obras eruditas y comentarios sagaces, pero con gran frecuencia plagados de un esoterismo confuso que hace de la oscuridad una virtud y de lo ininteligible seña infalible de profundidad. Son los que podemos llamar *misterioadictos,* apasionados amantes de todo lo misterioso y extraño. Y en este género de obras, la de Jean Charles Pichon se lleva la palma, porque sus comentarios a la obra del vidente son casi tan impenetrables, como la propia obra del profeta provenzal. Citemos tan solo algunos ejemplos que, forzosamente, nos dejan tan inconformes como perplejos ante un escrito que tuvo la audaz ingenuidad de titularse

Nostradamus descifrado: "La ciencia esotérica del profeta es perfecta. Raras veces se descubre que esté en falso. Salido de César, hijo de la Virgen, el antiguo Imperio romano se basaba en los gemelos Rómulo y Remo y, más tarde, en los dos Césares, en el orbe de la tetrarquía. Salido del Emaciano hijo del Sol, el futuro imperio se basará en el mito taúrico. Lo alegorizará el símbolo de Sumer, el Bronce, y sus soberanos se enorgullecerán del nombre del Boyero, Hércules"[1].

Y después de semejante mixtura de farragosa mitología histórico-esotérica, Pichon apenas puede contener su emoción, cuando seguidamente dice: "Basta recordar la gran tradición del oeste americano, sus búfalos y sus *cow-boys*, para apreciar, también aquí, el genio profético del médico de Salon". Quizá podrían complementarse estas sesudas observaciones con alguna erudita alusión a las hazañas de algún otro gran héroe moderno como Superman.

Pero aparte de referencias tan confusas como arbitrarias al simbolismo de todas las mitologías, veamos un solo ejemplo de los muchísimos que podrían citarse sobre la forma en que este autor interpreta las *Centurias*, tomando para el caso la cuarteta I-87 que dice:

I-87
Un subterráneo fuego del centro de la tierra,
producirá temblores alrededor de la ciudad nueva,
dos grandes rocas, por largo tiempo harán la guerra,
después Aretusa enrojecerá de nuevo el río.

[1] Jean Charles Pichon. *Nostradamus descifrado*. Plaza & Janes, Barcelona, 1973, pág. 179.
La mayoría de las cuartetas citadas se han tomado de las versiones de Klaus Bergman y Angel Mauri y François d'Areau.

En nosigee feu du centre de terre
Fera trebler autour de cité neuve
Deux grands rochers long temps feront la guerre,
Puis Arthuse rougira nouveau fleuve.

¿Qué quieren decir estas estrofas, de suyo relativamente comprensibles? Pues, según J. Ch. Pichon: "Estos dos peñascos no pueden ser más que el 7 (el Verbo cristiano) y el 8 (el demonio de las tinieblas), puesto que el En-sí, el Verbo, el Negro Krishna, el Escorpión, por decirlo con una sola palabra, pertenece a los dos universos: el de Piscis (como dios del agua) y el de Acuario (como signo de la armonía)"[2].

Pero, ¿por qué preferir esta grandilocuente interpretación en vez de la más sencilla, pero más verídica, de que se trata simplemente de una nueva erupción del Vesubio, el volcán que destruyó a Pompeya en el año 79 y que se encuentra cerca de Nápoles (que significa literalmente "ciudad nueva"), lo cual provocará, temblores de tierra y que grandes rocas se agrieten, al tiempo que la lava de dicho volcán enrojecerá las fuentes y los ríos vecinos? (poéticamente se cita a *Aretusa,* una ninfa que la diosa Diana transformó en una fuente). No es por aguar la fiesta, pero francamente es preferible esta última interpretación, aunque perdamos tanto en grandiosidad.

Y qué decir del *lenguaje verde*, redescubierto por David Ovason, otro investigador igualmente serio y erudito. ¿No es este pretendido lenguaje, una patente de corso para dar cualquier interpretación a cualquier frase, pues basta alguna semejanza fonética para que una

[2] *Op.cit.*, pág. 251.

palabra se convierta en otra pero con un sentido totalmente distinto? Es seguramente cierto que los alquimistas querían ocultar el sentido de sus escritos con este método, si así puede llamarse, y de esta manera convertir una cosa en cualquier otra, lo que en verdad los acredita como alquimistas pero no como maestros en racionalidad y buen sentido; buen sentido que, posiblemente, olvidaron en sus extrañas y a veces geniales pero siempre oscuras especulaciones.

Y para no hacer interminable el comentario sobre los intérpretes *misterioadictos* de las profecías, recordemos por último la obra de Daniel Ruzo, poseedor de una inmensa biblioteca y de documentos originales sobre la obra de Nostradamus a la cual dedicó muchos años de su vida con verdadera devoción religiosa. Pero los resultados infortunadamente no corresponden a tan grandes esfuerzos, pues su obra, al igual que la de Pichon, aunque en menor grado, se encuentra salpicada de un esoterismo que nuevamente equipara oscuridad con profundidad y confusión con alegoría, todo ello pese a su enorme erudición y a un indiscutible talento para la numerología más abstrusa. Y tan precarios resultados se producen a pesar de que, según lo dice sin ninguna modestia este autor, Nostradamus predice que sería el propio Daniel Ruzo quien aclararía finalmente el sentido de las profecías y todo porque el vidente cita a Rousseau, y este nombre famoso por simple casualidad se pronuncia lo mismo que el apellido del citado comentarista. ¡A qué extremos llega la vanidad de los sabios!

Pero dentro de las diversas lecturas existentes de la obra nostradámica hay una que se destaca por su seriedad y por encontrarse relativamente libre de especulaciones exageradamente fantasiosas, porque todas las interpretaciones, sin ninguna excepción –incluyendo por supuesto la de este libro–, son fruto de la fantasía; no hay otra manera para abordar la casi inescrutable obra del vidente. Hablamos sin duda de Jean-Charles de Fontbrune, cuyo libro: *Nostradamus, historiador y profeta*[3] se convirtió con razón en *best-seller* mundial. Allí el autor despliega el resultado de muchos años de una cuidadosa investigación iniciada por su padre y continuada por él también durante largo tiempo. Y lo hace en forma mucho más racional y con una inmensa cantidad de investigación que abarca desde el sentido propio de los términos del francés medieval, la etimología de numerosas palabras según su origen griego o latino, italiano o provenzal, hasta el nombre antiguo –a veces casi olvidado– de muchas regiones, países y ciudades, sin omitir datos mitológicos a veces poco conocidos; todo ello con rigor y honestidad intelectual ejemplares.

Es así como de Fontbrune descubre muchas cosas y sentidos que tal vez nadie antes había sospechado y con abundante documentación histórica, completa y fidedigna, explica muchas de las profecías que ciertamente ya se han cumplido. Veamos algunos pocos ejemplos:

VII-58
El primogénito real sobre corcel caracoleante
caer vendrá tan rudamente correr.
Morro en el labio, pie en el estribo lamentando,
arrastrado, tirado, horriblemente morir.

[3] Jean-Charles de Fontbrune. *Nostradamus, historiador y profeta.* Círculo de Lectores, Barcelona, 1973.

L'aisné Royal sur coursier voltigeant
Picquer viendra sur rudement courir
Gueule lipée, pied dans l' estrein pleignant
Trainé tiré, horiblement mourir.

Estas estrofas son interpretadas así por de Fontbrune: "El hijo mayor del rey corriendo a caballo, caerá tan rotundamente de cabeza en su carrera, que habiendo sido herido en el labio (sic) el morro del caballo, atrapado el pie, gimiendo, tirado y arrastrado morirá de modo horrible".

La historia: "Ferdinand-Philippe–Charles-Henri-Rose de Orleáns, hijo mayor de Luis Felipe y de María-Aurelia de Borbón-Sicilia, nacido en Palermo el 3 de septiembre de 1810. En el mes de julio de 1842, disponiéndose a partir para inspeccionar los regimientos de Saint-Omer, iba a Neully para despedirse de su padre: sus caballos se desbocaron en el camino de la Révolte, saltó del coche y, cayendo al suelo, se rompió la cabeza".

Sobre los últimos días de Mussolini, de Fontbrune presenta esta estrofa:

X-64
Llora Milán, llora Lucca, Florencia.
Que tu gran duque en el carro subirá,
cambiar la sede cerca de Venecia avance.
Cuando Colonna a Roma cambiará.

Pleure Milan, pleure Lucques, Florence.
Que ton grand Duc sur le char, montera
Changer le Siege pres de Venise's avance.
Lors que Colonne a Rome changera.

Ciertamente hay aquí muchos elementos que coinciden plenamente con los últimos tiempos del dictador fascista a quien se llama muy acertadamente "el gran duque" (palabra originaria del latín que al igual que *Duce* como se hacía llamar Mussolini, y que significa jefe o conductor) y de quien se sabe que pretendió trasladar la sede de su gobierno a Milán después de que los alemanes lograron reagruparse al norte de Florencia, en la línea que pasa precisamente cerca de Luca. Una banda de manifestantes se precipitó hacia el palacio *Venecia* para reclamar al hombre que oprimía el país desde hacía veinte años. En la *Piazza Colonna*, sede del partido, la muchedumbre cantaba y bailaba como en una fiesta: "¡El fascismo ha muerto!", se gritaba con alegría por todas partes. Aquella noche en Roma, no se encontraba un solo hombre para defenderlo arriesgando la vida. El 29 de abril de 1945 un camión de mudanzas llega a Milán con el cadáver de Mussolini ("tu gran duque en el carro subirá"). Son demasiadas coincidencias para creer que son simplemente fruto del azar[4].

La cuarteta citada es un buen ejemplo –dicho sea de paso– del estilo del vidente: las líneas no se encuentran en estricto orden cronológico y los objetos y circunstancias son nombrados por aspectos que no son esenciales y pueden ser hasta irrelevantes como lo son en este caso los nombres de los lugares en que los opositores al fascismo se manifestaron, cerca del palacio Venecia y en la Plaza Colonna, en Roma. Esta particularidad hace que cualquier detalle pueda ser importante a la hora de intentar la comprensión de las *Prophéties*, que es el nombre original de la obra de Nostradamus.

4 *Op.cit.*, pág. 328.

Pero –y siempre habrá un pero–, la gran obra de Jean Charles de Fontbrune adolece de un gran defecto, defecto que él mismo acepta expresamente: la total falta de coherencia entre las diversas cuartetas, la relación notablemente confusa de estrofas inconexas, y ello para no profundizar en el hecho de que tan gran desorden muchas veces da como resultado interpretaciones verdaderamente absurdas en las que los franceses se enfrentan en feroces combates con los árabes, bárbaros, libios, italianos, albaneses, rojos, españoles, bizantinos, rusos, persas, mesopotámicos, comunistas, chinos y turcos en el pademónium bélico inimaginable de una guerra de todos contra todos, en el que muchas veces no se sabe quién le ganó a quién, ni cuándo ni cómo.

¿A qué se debe que un investigador tan racional nos ofrezca una obra tan incoherente y en la cual los hechos están en tan confuso revoltijo? A que este autor llegó a la conclusión de que Nostradamus escribió su obra de esa manera, es decir, que en cada cuarteta se puede aludir a sucesos sin ninguna conexión temporal, vale decir que si en la primera línea se refiere a un suceso del siglo XVII en la siguiente posiblemente se habla de un acontecimiento de nuestros días y todo en el escaso margen de un solo verso. Todo un confuso panorama en que los hechos se entremezclan de tal manera que Enrique IV, Napoleón y Mussolini se sientan en la misma sala. Y esto, desde luego, es la locura total y la condena definitiva a las tinieblas perpetuas de una obra que de por sí –ya lo hemos dicho, todos lo dicen– es bastante oscura, frecuentemente ininteligible hasta la exasperación.

Aunque hay razones para una apreciación como esta, los textos no autorizan generalizar en forma tan absoluta dicho planteamiento. La verdad es que muchas de las cuartetas en las que es posible penetrar, realmente presentan una sincronicidad evidente, vale decir, que en ellas se alude claramente a hechos relacionados entre sí y que son contemporáneos o están separados por poco tiempo, aunque existan también otras cuartetas que podemos llamar *panorámicas*, pues presentan una vista de conjunto de un largo período o de toda la carrera de uno de los héroes de la obra, como las que anuncian las batallas que se librarán en Francia en el curso del gran conflicto que se avecina, o las que dan cuenta de los grandes méritos y de la gloria de Enrique V *(Chirén)*, el gran rey francés que después de muchas y sangrientas batallas expulsará a los musulmanes de Europa y restablecerá el Sacro Imperio romano de la Edad Media, según lo anuncia el vidente en una profecía que nos parece hoy de tan imposible cumplimiento como nos parecía no hace mucho tiempo, la caída del Imperio soviético.

Creemos por tanto que se ha exagerado demasiado la aparente falta de sincronicidad de las cuartetas. Es más, si acudimos al *método contextual* que proponemos y que consiste en interpretar unas cuartetas por otras que con ellas se relacionan, de ello se desprende un cuadro asombrosamente coherente, en verdad insospechado. Como en un gran rompecabezas, a medida que vamos poniendo cada pieza en su lugar, se hace cada vez más fácil encontrar la posición apropiada para las restantes; se vislumbra así el conjunto, y las estrofas poco a poco van mostrando una secuencia y un orden que no podíamos presentir al comienzo.

Con la aplicación de este criterio, de varias interpretaciones posibles de una estrofa determinada, debemos seleccionar, por tanto, la que más se armonice con las demás, y esto no sólo en lo que se refiere a su sentido sino también a las dudas sobre el significado de diversas palabras y expresiones, que no sólo muchas veces son de difícil comprensión, sino que además cambian de edición en edición.

Por supuesto, no se trata de desentrañar las profecías en todos sus detalles. Ello no es posible y el intentarlo da lugar a fenomenales disparates. No es posible hacerlo, pero tampoco necesario, pues basta captar el sentido general y las grandes directrices del acontecimiento futuro, y esto es ya bastante. En este sentido, debe advertirse que hay líneas y estrofas esenciales y otras que nada agregan, como cuando se dice que "el adversario palidecerá de miedo" o "que habrá sangre, hambre y peste".

Extrañamente, este método ha sido relativamente poco empleado. Tal parece que los mismos investigadores que han estudiado tan exhaustivamente las *Centurias* se han confundido y enredado en su propia erudición y por ver los árboles han dejado de ver el bosque. Porque la verdad es que, estudiosos como los que hemos citado y como muchos otros, no han visto lo obvio y, como en la famosa fábula de Andersen, no se han dado cuenta de que el rey estaba desnudo. Es de verdad sorprendente que tan pocos hayan insistido en algo tan elemental, como es el hecho de que *ninguna cuarteta puede comprenderse aisladamente de su contexto.*

Estamos convencidos, por tanto, que debemos seguir el buen sentido natural que nos dicta la obvia regla de interpretar las cuartetas no sólo de acuerdo con el contenido, la sintaxis, las figuras del lenguaje, la historia, la etimología, o los mitos antiguos que figuran en cada una de ellas, sino también *de acuerdo con su contexto,* es decir, con su relación y convergencia con todas las demás; así, una de ellas permite interpretar otra y esta a su vez otras más, aunque desde luego es muy grande el campo que queda abierto a una especulación más o menos arbitraria. Lo importante es recordar que existe una *unidad temática* entre grandes conjuntos de cuartetas y no sólo esto, sino también una secuencia entre ellas. Siempre habrá que preguntarse ¿con qué cuartetas se relaciona esta que ahora mismo estoy analizando? ¿Son los hechos de que aquí se trata el resultado de los referidos en otra estrofa? ¿Existe algún nexo entre este hecho y otro al que se alude en otra parte? Porque es mucha, muchísima, la luz que este procedimiento tan sencillo puede aportar. Vale la pena recordar que este método es el mismo que se emplea en la interpretación de cualquier texto jurídico. Ninguna norma legal se encuentra insularmente separada del conjunto de la legislación. Pertenece a un sistema jurídico y como tal su inteligencia debe obtenerse a partir, no sólo de su texto, sintaxis y conceptos involucrados, sino también de acuerdo con la necesaria convergencia y armonía entre las diversas normas. Esta es la regla de la hermenéutica jurídica que, en varios años de práctica como abogado, me ha demostrado ser la más esclarecedora. *El todo da sentido a las partes y no al contrario;* hay muchos textos que aisladamente son incomprensibles, lo mismo en el derecho que en religión, filosofía o historia. O en las *Centurias*.

Pero aquí tocamos otro de los obstáculos que para muchos parece insalvable en la ya de por sí ardua tarea de la exégesis de la obra del vidente de Salon. Nos referimos al *apego supersticioso a la letra de los textos*, apego que llega hasta el extremo de no querer introducir siquiera la puntuación y las preposiciones que Nostradamus omitió; omisiones que sin duda constituyen no sólo parte del estilo oracular del vidente, sino una de sus más peligrosas trampas. Porque de la preposición que se sobreentiende puede derivarse que la cuarteta tenga sentido o que no lo tenga o que, más frecuentemente, tenga un sentido diferente. Y como lo veremos en su lugar, es este *literalismo* el que ha hecho cometer a prácticamente todos los intérpretes de la obra el enorme error de identificar al rey *Chirén,* el futuro salvador de Francia, nada menos que con Selin, su mortal enemigo, identificación que equivale a confundir a De Gaulle con Hitler, y que tiene consecuencias desastrosas para el cabal entendimiento de las *Centurias.* Esta es –digámoslo de una vez– una de las claves de la interpretación que ofrecemos por primera vez en esta obra.

Este *literalismo* es pues, junto con la interpretación asistemática el más grande pecado de los exegetas, no sólo de la obra nostradámica sino también de los grandes textos religiosos y filosóficos de la humanidad. Tan grandes absurdos se cometen que moverían a risa, si no fuera porque tantos errores han producido tan trágicas consecuencias. Como dijo Voltaire, sin duda exagerando bastante, no hay versículo de la Biblia que no haya originado una guerra, y lo mismo puede decirse de el Corán y de todas las escrituras de las grandes religiones cuando equivocadamente se pone el texto de sus libros sagrados por encima de su sentido, de su *espíritu.* Gravísimo error, pues como lo dice el propio Evangelio: *la letra mata pero el espíritu vivifica.*

¿Con qué criterio hemos de suplir lo que evidentemente falta en los textos? He aquí la gran pregunta, pregunta que sólo puede resolverse aplicando el buen sentido común, ese viejo amigo a veces tan despreciado con el que nunca deberíamos romper del todo, aunque a ello nos inviten tanto el esoterismo como la física de vanguardia. Porque, ¿qué razón hay para preferir de dos interpretaciones posibles, la más rara y extravagante, la más alejada del normal suceder de las cosas, o la más grandiosa y evocadora y no la más sencilla, la más obvia? Si Goethe, en su lecho de muerte exclamaba "luz, más luz", no era para expresar su ardiente deseo de acceder a más altos conocimientos sino que simplemente quería que abrieran la ventana de su cuarto. Lástima por los románticos, amantes de lo misterioso y profundo, pero la verdad es que el mundo y los seres humanos somos bastante prosaicos; muy raras veces es posible elevarse a las alturas de lo sublime y ultramundano.

Hemos incluido la interpretación lógica y contextual de unas 180 cuartetas de un total de 942 de que constan las *Prophéties*. Por supuesto no se han tenido en cuenta las que aluden a hechos que ya han ocurrido, aunque generalmente esto no es fácil de determinar. No es mucho, ciertamente, ante la magnitud de la vasta obra profética de Nostradamus, la más grande, sin duda, jamás escrita. Pero los versos incluidos presentan una relativa inteligibilidad y convergencia y de sus estrofas se deduce con claridad un solo argumento, un solo tema, terrible y devastador: el de la *tercera guerra mundial*, la guerra final entre el islam y el Occidente. Allí, en tales versos y fundamentalmente en ellos, está la historia de lo que habrá de suceder en el inminente futuro.

Francamente creemos que con la excepción de las cuartetas que aquí citamos y de algunas más –no muchas por cierto– el resto de los versos proféticos es poco menos que ininteligible. Porque la verdad es que la claridad no existe ni siquiera en aquellas cuartetas que con seguridad se refieren a hechos del pasado tan importantes como la Revolución francesa. Tal es el caso de la famosa cuarteta que habla de Varennes, pequeña localidad donde Luis XVI y su familia fueron detenidos (IX-20), como también la que se refiere a las Tullerías (que no existía en la época de Nostradamus) y al conde de Narbona, influyente personalidad de la época y a Sauce, la autoridad municipal de Varennes, que detuvo a los prófugos (IX-34); alusiones realmente sorprendentes, pero que se encuentran en textos sin duda oscuros.

Hay varias cuartetas que no citaremos porque prácticamente repiten lo dicho en la que se comenta o porque introducen otros elementos que no parecen relevantes para la claridad de la explicación y, más bien, la complican innecesariamente. Por tal razón sólo se alude a ellas por una frase o simplemente por su referencia numérica. Y aunque las cuartetas que atañen al conflicto según especialistas como Daniel Ruzo, son más de ciento sesenta, es inútil citar muchas de ellas porque ni siquiera sabemos qué es lo que realmente quieren decir, aunque podemos, de alguna manera, colegir que se refieren a tal conflicto. Nos hemos limitado por lo tanto, y como ya lo hemos dicho, a aquellas cuartetas que, a pesar de ofrecer alguna dificultad, pueden ser realmente inteligibles dentro de un contexto determinado y una razonable secuencia de sucesos relacionados unos con otros.

Ahora bien, en lo que se refiere a los textos originales ya se ha dicho que ciertamente presentan un gran número de variantes, muchas de las cuales realmente cambian el sentido de una determinada estrofa. Por eso, después de consultar varias traducciones no queda otro camino que escoger alguna. ¿Cuál? La que de alguna manera se conforme mejor al contexto si no existe alguna otra razón bien fundada para lo contrario. Todo ello sin olvidar que todas las traducciones existentes, sin ninguna excepción, son también interpretaciones y no existe manera de saber cuál es la que de verdad se ajustará a hechos que todavía no han sucedido.

En este libro habrá numerosas repeticiones. Ello es inevitable porque cada cierto tiempo es indispensable correlacionar los hechos para no perder el hilo, recapitulando para tal efecto lo que ya se ha dicho para enlazarlo con lo que en cada momento se comenta. Con ello se procura evitar que el lector se pierda en este complicado laberinto que forman las cuartetas premonitorias de Nostradamus. Todo en obsequio de la claridad que es, como decía Ortega, la cortesía del que escribe.

No queremos hacer el pobre papel de aquellos que ni ven ni pueden creer que otros vean. Respetamos el esoterismo; tanto el oriental como el occidental, el de las escrituras místicas de la India, el de la cábala, el hermetismo y la Rosa Cruz, lo hemos estudiado y lo consideramos altamente valioso y portador de honda sabiduría. Pero no podemos caer en una trampa más: la que de lo corriente hace un misterio y de lo sencillo un embrollo. Porque el desciframiento pretendidamente esotérico sólo ha conducido hasta ahora, de perplejidad en perplejidad y de frustración en frustración. Cualquiera que estudie una obra como la citada de J. Ch. Pichon, el campeón de las interpretaciones presuntamente esotéricas, sabrá a qué me refiero. Por tanto, la regla debe ser esta: *tanta lógica cuanta sea posible, tanto esoterismo cuanto sea inevitable.*

Los simbolismos esotéricos que, ciertamente, están presentes en las *Prophéties*, admiten una expresión clara y racional y los arcanos vertidos en un lenguaje hermético pueden traducirse al leguaje corriente. Ello es posible porque lo que se dice en las cuartetas corresponde a *hechos* y no a teorías o concepciones filosóficas, aunque unas y otras impregnen la relación que el profeta hace de tales hechos. Pero si no fuere posible hacer esta traducción a una razonable inteligibilidad, entonces y parafraseando al filósofo Wittgenstein, diremos que simplemente es mejor no hablar de ello. Esto quiere decir –ni más ni menos– que si no es posible efectuar una interpretación razonablemente clara, entonces es mejor no hacer ninguna.

Esta forma de interpretar la obra, no hace desmerecer en nada al gran vidente. Porque el mejor homenaje que podemos rendirle ahora, cuando la parte más importante y también terrible de sus profecías parece inminente, es demostrar que es una obra lúcida como ninguna, plena de sentido, *verdadera* en una palabra. Obra única además, en toda la historia de la humanidad.

Queremos, pues, ofrecer a todos los lectores, ilustrados o no en la obra profética, estas consideraciones –originales en gran parte– que se sustentan en un método que, a pesar de ser poco utilizado, se apoya en criterios que la práctica de muchas otras disciplinas avala firmemente. No es ésta, desde luego, la única interpretación posible; ni siquiera hay pruebas de que sea la mejor, porque es evidente que sólo el futuro tiene la clave. No pretendemos por tanto infalibilidad ni inspiración de ninguna clase y por ello cualquier crítica razonada debe considerarse seriamente y aceptarse como válida. Sólo apelamos al buen sentido, a la lógica, si se quiere a lo elemental, común y natural, lejos de especulaciones fantasiosas o pretendidamente esotéricas. Creemos que hay verdades profundas; que, ciertamente, la vida presenta innumerables misterios; que ella misma es el más grande de ellos; pero no podemos perder de vista, que no deben confundirse los planos. La obra de Nostradamus, acaba de decirse, trata de hechos y de sucesos humanos, que deben tener, al menos, un primer nivel de inteligibilidad y sentido accesible. Se trata, no de una obra de especulación, sino de historia: *la historia de nuestro inmediato futuro.*

Hay que insistir en que hoy más que nunca, la obra del vidente de Salon tiene extraordinaria actualidad. Porque, si en el pasado no era posible validar sus pronósticos, pues en su mayor parte se refieren a nuestra época (al menos dos tercios según J. Ch. de Fontbrune), ahora, cuando la guerra mundial entre el islam y Occidente ha comenzado, cada vez habrá más claros indicios de sus aciertos aunque siempre habrá un margen de incertidumbre, como lo da a entender el profeta en estos versos:

VI-61
El gran tapiz enrollado no enseñará
más que a medias la mayor parte de la historia.

Le grand tappis plié ne monstrera,
Fors q'à demy la plus part de l'histoire ...

Portada de Almanach de Nostradamus para 1566, *en el que predijo su propia muerte. En: David Ovason,* Los secretos de Nostradamus, *Plaza & Janés, 1999.*

ALMANACH
POVR L'AN M. D. LXVI.
auec ses amples significations & explications,
cõposé par Maistre Michel de Nostradame Docteur en medecine, Conseiller & Medecin ordinaire du Roy, de Salon de Craux en Prouence.

* *
*

A LYON,

Par Anthoine Volant, &
Pierre Brotot.

LES PROPHETIES DE M. MICHEL NOSTRADAMVS.

Dont il en y à trois cents qui n'ont encores iamais esté imprimées.

A LYON,
Chez Antoine du Rosne.
1557

¿ES POSIBLE LA PROFECÍA?

Cuando se habla del fenómeno de la profecía o previsión del futuro es inevitable que nos enfrentemos a la tremenda contradicción que se plantea entre los hechos y la razón. Los primeros, los hechos, de los cuales se dice acertadamente que son *tozudos,* nos enseñan que en todos los países y épocas vastas porciones de la humanidad han creído firmemente en que ciertas personas, en determinadas condiciones realmente pueden prever el futuro. Desde el chamán de las tribus africanas o americanas hasta los oráculos de la Grecia clásica y los augures romanos sin olvidar los profetas bíblicos, todos han demostrado, en una u otra forma, que esta es una de las creencias más arraigadas del hombre. Y no sólo podemos registrar la existencia universal de esta creencia –que podría ser falsa como cualquier superstición– sino que los hechos, siempre los hechos, nos confirman que la posibilidad de vaticinar el futuro sí corresponde a una facultad de la mente, elusiva e incierta, pero verdadera.

Tal fenómeno, sin embargo, a la luz de la más fundamental racionalidad, es absurdo. Prever el futuro es la más imposible de las cosas imposibles porque equivale a decir que algo inexistente, un suceso futuro, puede producir un efecto actual: su conocimiento presente; es decir, postular que primero es el efecto y después la causa, lo cual va contra el sentido común y la más elemental lógica.

Portada de las Prophéties de 1557, *grabado que representa a Nostradamus en su escritorio. En: David Ovason,* Los secretos de Nostradamus, *Plaza & Janés, 1999.*

Para los antiguos, la profecía no planteaba tan serios problemas porque, siempre y en todas partes, se juzgaba que se debía al poder de los dioses y porque aún no se había desarrollado el concepto de la ciencia moderna con su estricto racionalismo. Pero, desde la Ilustración del siglo XVIII, el pensamiento científico rechazó en bloque todos los fenómenos síquicos y desde luego la premonición que –ya lo hemos dicho– es el más inverosímil de todos. Los fenómenos de esta clase fueron por tanto relegados sin contemplaciones a la categoría de burdas supersticiones de un pasado ignorante, impropias del buen sentido, de la razón y de la ciencia, árbitro supremo e infalible de la verdad y del error. Pero la crisis de la ciencia a finales del siglo XIX y las nuevas concepciones de la física han replanteado, dramáticamente, todos los fundamentos de nuestros conceptos sobre la realidad, sobre el principio de causalidad, el espacio, la materia, la energía y el tiempo, lo cual propone hondos interrogantes sobre la naturaleza del mundo y sobre las ilusiones que del mismo se forja nuestra mente.

En efecto, a partir de 1896, principios básicos de la ciencia tales como el concepto mecanicista, la causalidad, el espacio y el tiempo absolutos comienzan a ser implacablemente cuestionados tanto por la evidencia experimental como por la reflexión teórica. Planck demostró que la energía es emitida en forma discontinua, por mínimos saltos cuantitativos, o "granos" de energía (*los quanta)*. Einstein en su ya clásica memoria de 1905 sostuvo que para el observador físico no hay un espacio y un tiempo absolutos y que, por lo tanto, cada observador lleva consigo su espacio y su tiempo propios, entre otras afirmaciones sorprendentes. Por su parte, en 1927,

Heisenberg demostró que es imposible determinar a la vez la velocidad y la posición de un electrón, de acuerdo con el famoso *principio de incertidumbre*, de tal manera que todo se convierte en simple cálculo de probabilidades. El estado del átomo no puede ser reducido a una imagen o figura y por ello la reducción de todas las cosas a un esquema mecánico, cae por su misma base.

Se trata, ni más de menos, de *una crisis de principios*, es decir, de los fundamentos mismos de la ciencia. El conocimiento científico se presentaba como una indagación experimental de hechos regulados por leyes, es decir, por relaciones universales y necesarias entre los fenómenos de la experiencia según un claro nexo causal. Se creía firmemente, por lo tanto, en la objetividad esencial del mundo y en su realidad material. Pero la ciencia actual ha puesto en discusión todos estos principios que parecían tan sólidos e inalterables. Ahora se habla de simple *probabilidad* y no de necesidad, se piensa incluso que las llamadas leyes son puramente nominales, y por ello ya no se trata de descubrir la objetividad de las leyes de la naturaleza porque estas se consideran más bien como simples convenciones, al tiempo que se afirma la historicidad de todas las construcciones científicas Y como si lo anterior fuera poco, se admite además que la materia se ha *desmaterializado* hasta el punto de que físicos eminentes como Eddington afirman que el substrato de todas las cosas, incluso las de apariencia más material, es de naturaleza mental. La física y la química ya no hablan por tanto de partículas materiales, sino simplemente de entes matemáticos, pues en palabras de Bachelard, ahora la sustancia no es más que la "sombra de un número". La materia, en síntesis, se ha "deshecho" perdiendo su solidez y sustancialidad para convertirse tan sólo en radiaciones o sistemas ondulares. Así, la materia, lo sólido y real por excelencia, se ha convertido, según la gráfica expresión de B. Russell tan sólo en un "fantasma que ronda por los lugares escenario de sus esplendores pasados".

Los efectos de semejantes concepciones –algunas increíbles– son verdaderamente revolucionarios. Porque la verdad es que el incesante esfuerzo para comprender la naturaleza nos ha conducido a tener de ésta un concepto cada vez más extraño, sobremanera insólito y surrealista en la medida en que se aleja de nuestra más elemental forma de ver el mundo, del sentido común, en una palabra. Por ello ha dicho J. Huizinga: "la razón en su forma antigua, ligada como está a la lógica aristotélica, no consigue ya marchar al mismo paso que la ciencia". Para la nueva física, es perfectamente normal que un electrón pase a través de dos agujeros separados en una plancha al mismo tiempo y sin escindirse; también es natural que un electrón pueda ir de un sendero ("órbita") a otro, sin ni siquiera entrar o cruzar el espacio intermedio y también es natural que dos acontecimientos sean simultáneos para un observador pero sucesivos para otro.

Ya en las primeras etapas de la ciencia moderna, Bacon nos había prevenido en contra de la trampa de encontrar más regularidad y orden en el mundo de lo que en realidad existe. Por ello decía que todos los sistemas de pensamiento son: "extrañas obras de teatro que representan los mundos creados por los hombres de una manera dramática e irreal". Hoy, después del dogmatismo de la ciencia clásica, las modernas ideas le han dado la razón ya que, actualmente, las leyes naturales, no son más que esquemas mentales temporalmente útiles pero esencialmente provisionales. Por estas razones, los científicos se han vuelto no sólo más penetrantes y profundos sino también menos arrogantes, más cautos, pudiera decirse casi humildes pues "en cuanto físicos, no osan negar la posibilidad y la licitud de otros modos de acercarse humanamente a la realidad de las cosas", como apunta el filósofo español Julián Marías.

Ahora bien, si de acuerdo con la relatividad, que como sabemos es uno de los fundamentos de la ciencia moderna, no hay ni un espacio ni un tiempo absolutos, ya que las medidas y leyes sólo valen para nuestro punto de referencia relativo, de tal manera que dos acontecimientos que son simultáneos para un observador, para otro pueden ser sucesivos, la posibilidad teórica de desplazarse en el tiempo ya no parece tan absurda; el concepto del presente debe subordinarse a la posición del observador y ello permite postular que en el *continuum* espacio-temporal, existe todo el pasado y todo el futuro. Esto podría explicar en teoría el insólito hecho de que pueda conocerse algo aún antes de que haya alcanzado nuestro campo de conciencia, limitado como sabemos, sólo al instante presente. Por ello físicos como Pascal Jordan, postulan que la realidad de los objetos y acontecimientos en el espacio de tres dimensiones es tan sólo un sector de la realidad total, un caso límite y por tanto, en una dimensión superior, *el futuro existe*; la mente del vidente conocería, pues, lo que existe de otra manera, en una dimensión superior supratemporal, donde las cosas se dan en un esquema de *existencia total*. Por ello decía Eddington que "los acontecimientos no vienen, están, y nosotros los encontramos a nuestro paso".

Ya F. W. Myers, uno de los grandes pioneros de la investigación síquica planteaba, a finales del siglo XIX, la hipótesis de que el porvenir no estuviera virtualmente contenido en el presente de acuerdo con la causalidad, sino que coexistiera con él. Y esto nos obliga a concebir un hiperespacio que tiene como cuarta dimensión precisamente el tiempo y en donde se contendrían los universos sucesivos de la duración.

En el campo de lo teórico, por lo tanto, la premonición podría admitirse y no sería menos extraña que muchas otras hipótesis de la moderna ciencia, cada vez más alejada del sentido común del que Einstein decía que no era más que "un conjunto de prejuicios adquiridos hacia los dieciocho años". Es cierto que no puede afirmarse que estas especulaciones demuestren la realidad de la premonición, pero es fundamental comprender que las mismas la purgan de su imposibilidad intrínseca. Así, quien sólo tuviere dos dimensiones no podría comprender muchas cosas de nuestra realidad y quien se remonte más allá de nuestra tridimensionalidad podrá comprender lo que en nuestro mundo cotidiano es inconcebible. El propio Einstein enfatiza que "por persistente que sea, la distinción entre pasado, presente y futuro es pura ilusión" y así, aunque nos siga pareciendo increíble, el tiempo no es lo que parece pues no fluye en una única dirección y el futuro y el pasado coexisten. Stephen Hawking, genial físico y uno de los cosmólogos más importante de la actualidad, nos dice sin rodeos: "No es improbable que en un futuro tengamos la capacidad de viajar en el tiempo".

Hay muchos hechos, sin embargo, que nos indican que realmente existen seres humanos que tienen tal capacidad y Nostradamus fue casi con seguridad uno de ellos. Y si en el campo de la teoría como lo hemos visto, la habilidad de prever el futuro ya no parece tan absurda, en el campo de los hechos, puede decirse que tal capacidad se encuentra demostrada de acuerdo con las cuidadosas investigaciones de la parasicología, la moderna ciencia de los fenómenos extraños.

De acuerdo con las investigaciones adelantadas con métodos rigurosamente experimentales y siguiendo procedimientos estadísticos reconocidos, un sujeto excepcional como Basil Shackleton adivinando las cartas que aleatoriamente habrían de salir, obtuvo por ejemplo en una de tales experiencias, resultados tan significativos que la posibilidad de obtenerlos por simple azar puede expresarse por uno contra la unidad seguida de treinta y cinco ceros, cifra tan enorme que es muy superior al número de minutos que tiene la tierra de existencia; o sea que si estas experiencias se hubiesen repetido una vez por minuto desde que existe el mundo, todavía sería inmensamente improbable obtener los resultados alcanzados por este notable psíquico. Y como estas experiencias hay muchas otras obtenidas en varios centros de investigación en todo el mundo como la Universidad Duke en Durham, Carolina del Norte (Estados Unidos), por el equipo de J. B. Rhine, a quien con razón se considera como el padre de la moderna parasicología.

Por hechos tan contundentes, un investigador tan respetable y documentado como el jesuita Óscar G. Quevedo no vacila en concluir: "Pocas verdades de la química, de la física o de otras materias estarán tan bien demostradas como la verdad de que existe la precognición parapsicológica. Hay casos espontáneos que no parece razonable se puedan explicar sino por una facultad paranormal de conocimiento directo del futuro. Y, lo que es más importante, se han realizado miles de experiencias de laboratorio, científicamente estructuradas, que demuestran sin ningún género de duda que de hecho existe en el hombre esta facultad..."[5].

Pero antes de examinar brevemente lo que concierne a la investigación de las facultades de la mente humana, conviene tener en cuenta algunas consideraciones adicionales sobre las más recientes concepciones de la realidad física, pues a pesar de los planteamientos teóricos que, desde la perspectiva de la ciencia moderna, podrían en cierta forma explicar el don de profecía, hay, sin embargo, estudiosos como René Sudre que consideran que es un absurdo extraer la doctrina del eterno presente del formalismo matemático de la relatividad. Pero, en las condiciones actuales de nuestro conocimiento del mundo y de la realidad ¿puede alguien saber lo que es verdaderamente absurdo? La misma ciencia ha pregonado que existen *singularidades* en las cuales no se cumplen las leyes que conocemos, en las que rigen otras leyes, tanto en la inmensidad del espacio como en los impensables mundos intra-atómicos. Allí suceden cosas tan raras como el retroceso en el tiempo de los positrones, lo que también vale para otras antipartículas. Y correlativamente, si tales positrones se desplazan hacia el futuro se convertirán en un electrón y aunque estos desplazamientos en el tiempo son de muy breve existencia, no es imposible pensar en galaxias enteras hechas de antimateria en las cuales el tiempo fluiría permanentemente hacia el pasado, con relación a nuestro tiempo. Estos insólitos fenó-

[5] Óscar G. Quevedo. *El rostro oculto de la mente.* Sal Terrae, Santander, 1976, pág. 189.

menos, planteados por Richard Feynman no son mera especulación teórica, pues han sido tan productivos que le valieron a este gran científico el premio Nobel de física de 1965.

Ahora bien, ¿cuál es el mecanismo concreto de la precognición? Obviamente nadie lo sabe; pero existen varias hipótesis que no por extrañas pueden ser desechadas, pues repitámoslo una vez más, la moderna física, la vanguardia de la ciencia hace ya mucho tiempo dio sepultura a lo corriente y obvio como criterio para distinguir lo que es posible de lo que no lo es. Una de estas atrevidas hipótesis sobre la precognición es justamente la planteada por Adrian Dobbs, brillante matemático y físico de Cambridge, quien parte de la base de postular dos dimensiones temporales en lugar de una. La anticipación del futuro actúa en una segunda dimensión temporal, donde las probabilidades objetivas de hechos futuros estén contenidas como factores presentes y concretos, lo que inclina y predispone al futuro a desenvolverse en determinadas direcciones específicas.

La previsión, empero, no se inspira en inferencias racionales puesto que "los factores tendenciales" del sistema no pueden ser observados ni deducidos. La información sería recibida por el sujeto gracias a los *psitrones*, hipotéticos mensajeros que operarían en la segunda dimensión temporal. Y aunque tales partículas parecen demasiado fantásticas, no lo son más que el neutrino de Pauli, los electrones de masa negativa de Dirac o los positrones de Feynman, concepciones que les valieron a cada uno de sus autores el premio Nobel. Este concepto de los *psitrones* de hecho se corresponde con las tendencias actuales tanto de la teoría cuántica como de la investigación psíquica y, siendo su masa imaginaria en sentido matemático, podrían desplazarse en el tiempo lo cual implica un paso más hacia la demolición de la máxima superstición de nuestra era que es, en palabras de Arthur Koestler, "el universo de relojería materialista" concebido por la física del siglo XIX.

Ya se ha insistido en que lo extraño o impensable de alguna teoría física no puede ser justificación suficiente para rechazarla como falsa. Así lo pregona toda la física moderna que contiene concepciones verdaderamente asombrosas según se ha dicho. Sin embargo, incluso científicos veteranos se niegan a sacar todas las consecuencias que se derivan de la teoría y, como opina David Deutsch, distinguido físico británico, muchos hombres de ciencia usan ampliamente la teoría pero sin creer de verdad y en serio lo que sus concepciones dicen sobre lo que es el mundo; esto es tanto como si Copérnico se hubiera negado a creer que la Tierra gira en torno del Sol, utilizando el modelo heliocéntrico sólo para hacer determinados cálculos.

Una de las más recientes hipótesis, y ciertamente de las más atrevidas, es la sustentada por el físico independiente Julian Barbour para quien cada posible configuración del universo, pasado, presente y futuro existe separada y eternamente y así, cada ahora es un universo inmutable, completo, autocontenido y sin tiempo. Nada se mueve realmente y se trata sólo de estar presente en muchos diferentes ahoras, cada uno de los cuales es como las fotos de una película. Siempre estaremos encerrados dentro de un ahora y realmente no pasamos a través del tiempo sino que cada nuevo instante es un universo distinto. Todos estos innumerables universos existen eternamente uno al lado del otro en un cosmos de tamaño y variedad inimaginables. Y por increíbles que parezcan estas ideas, varios importantes físicos teóricos entre los cuales figura el propio Stephen Hawking las vienen considerando seriamente, entre otras cosas porque permiten reconciliar las concepciones de la mecánica cuántica con las de la relatividad, una de las principales aspiraciones de la ciencia moderna.

De paso digamos que esta concepción del citado físico teórico tiene mucho que ver con lo que basada en la sabiduría oriental expuso H. P. Blavastsky, maestra máxima del esoterismo moderno. He aquí sus elocuentes palabras: "El presente es el hijo del pasado, el futuro está engendrado por el presente y, sin embargo, ¡oh momento presente!, ¿no sabes que no tienes padres, del mismo modo que no puedes tener hijos, que siempre te engendras a ti mismo? Incluso antes de que hayas empezado a decir: soy la progenitura del instante que ha pasado, el hijo del pasado, te has convertido en este mismo pasado: ¡antes de haber pronunciado la última sílaba!, date cuenta, no eres ya el presente, sino verdaderamente este futuro. Así, el pasado, el presente y el futuro son la Trinidad siempre viva en uno solo: *El Mahamaya* (la gran ilusión) del absoluto que es"[6].

Ahora bien, hipótesis como la brevemente esbozada, aunque muy difíciles de comprender, tienen un fuerte soporte científico y como se expresó, no son más extrañas que muchas de las teorías generalmente aceptadas. Hay, sin embargo, concepciones que pretenden dar alguna explicación a la precognición que en principio parecen más creíbles pues no quebrantan de manera tan brutal nuestro sentido de lo que es la realidad. Una de

6 H. P. Blavastsky. *La doctrina secreta*. Vol. III. Kier, Buenos Aires, 1980, pág. 426.

ellas se funda en la idea de que realmente vivimos interconectados con todas las demás mentes y por ello podemos acceder a un nivel de información muy superior al de nuestra conciencia de vigilia; como dijo el gran Charles Richet, uno de los pioneros de la moderna investigación síquica y Nobel de medicina de 1913 basado en multitud de observaciones. Ciertamente podemos pensar que "nos hallamos en oscura comunión con todos los seres humanos". El vidente se introduciría entonces en un mundo psíquico en el que las energías, ideas, intenciones y deseos que dan origen al mundo futuro están ya presentes conformando los moldes dinámicos del porvenir. Se trata, pues, de los esquemas de las futuras acciones y en tales condiciones conocerlos implica anticipar el proyecto de lo que sucederá.

Tal explicación se armoniza perfectamente con infinidad de observaciones de la moderna investigación síquica que demuestra que, realmente, nuestra mente puede, en determinadas condiciones, conocer cosas que no están al alcance de los sentidos normales. Es decir, que el psíquico puede conocer no sólo el pensamiento consciente de quien le consulta, sino también toda la información que se encuentra en su mente inconsciente sobre su pasado, sobre sus actuaciones en la vida y sobre otras personas vivas o difuntas y esto le permite dramatizar una determinada información, como si procediera de los padres ya fallecidos de uno de los presentes tal como ocurre en las sesiones espiritistas. Y no sólo puede hacer esto, sino que basado en una inmensa cantidad de conocimiento extrasensorial puede, además, hacer deducciones correctas sobre lo que sucederá. Así, por ejemplo, si un psíquico captó los planes de exaltados patriotas servios y además el propósito de viajar a

Sarajevo en determinada fecha del heredero de la corona austro-húngara, es perfectamente explicable que hubiera podido predecir el asesinato del archiduque Francisco Fernando que puso fuego al polvorín de los Balcanes y desató la primera guerra mundial el 28 de junio de 1914.

Así podría explicarse por tanto, casos como los presentimientos o sueños premonitorios, como los de C. G. Jung quien, en octubre de 1913, se despertó sobresaltado ante el sueño de un inmenso mar de sangre que cubría gran parte de Europa y en el que flotaban millares de cadáveres. El gran sicoanalista, en efecto, captó *la atmósfera síquica* y los temores e intenciones de los hombres de gobierno y los tradujo en un sueño con un claro simbolismo de muerte colectiva. No obstante, si bien esta tesis ciertamente puede explicar muchas premoniciones de corto y mediano plazo, realmente no puede explicar premociones a tan largo plazo como son la mayoría de las contenidas en la profecías del gran vidente francés.

Para investigadores como el citado González Quevedo, no existe ninguna demostración de que la precognición a largo plazo sea posible. Comentando la obra de Nostradamus, este autor alude a la imposibilidad de establecer claramente el sentido de las famosas cuartetas dada su consabida oscuridad y la forma equívoca de sus versos, lo cual permite aplicarlos a situaciones muy diversas y a épocas igualmente diferentes. Por ello emite este juicio contrario al vidente de Salon: "Maravilloso talento del inconsciente, esto sí, verdaderamente maravilloso estilo sibilino, que podríamos llamar paranormal en el más admirable sentido de la expresión. Pero no precogniciones a largo plazo. En fin, en el siglo XXI se discutirá el asunto con conocimiento de causa"[7]. Digamos que, aparte de su valoración apresuradamente negativa de la obra nostradámica, esta última frase es clave: en este siglo que apenas comienza sabremos si realmente Nostradamus vio el futuro en su época, es decir nuestro presente inmediato.

Acabamos de decir que es apresurado descalificar la obra de Nostradamus como lo hace el destacado estudioso, pues éste omite considerar en profundidad que en las *Centurias* hay premoniciones verdaderamente exactas. Citemos tan solo algunos ejemplos, recordando lo dicho por el gran maestro William James: "para demostrar que existen cuervos blancos, basta ver uno solo".

Veamos algunas profecías que realmente se cumplieron:

VIII-71
Crecerá tan grandemente el número de astrónomos,
expulsados, desterrados y libros censurados,
en el año mil seiscientos siete por sagradas bulas
que ninguno en el sagrado será asegurado.

Croistra le nombre si grand des astronomes,
Chassez, banniz & livres censurez,
L'an mil six cens sept par sacre glomes
Que nul aux sacres ne seront asseurez.

Esta profecía se cumplió al pie de la letra, pues en los primeros años del siglo XVII se inició, como se sabe, la gran controversia entre la astronomía moderna de Copérnico y la tradicional geocéntrica que la Iglesia con-

7 *Op.cit.*, pág. 312.

sideraba como verdadera y la única de acuerdo con la Biblia. La persecución de las nuevas ideas se inició en el año 1600 con la bárbara ejecución de Giordano Bruno, quien fue quemado vivo en dicho año, entre otras cosas, por sus ideas astronómicas y cosmológicas. Por su parte, Galileo, hacia 1607, atacó el caduco concepto aristotélico de la "incorruptibilidad de los cielos", lo cual le valió la hostilidad de la Inquisición. Y en ese mismo año Kepler empezó la formulación de sus tres famosas leyes al tiempo que la Iglesia condenaba la astrología en el concilio de Malinas, justamente en el año indicado por la profecía. Téngase en cuenta que en esa época la astrología era frecuentemente confundida con la astronomía.

Otra profecía que se cumplió puntualmente aparece en IX-49, en la cual se lee, en forma totalmente clara y sin ninguna ambigüedad, simbolismo o figura del lenguaje:

Senado de Londres condenará a muerte a su rey.
Senat de Londres mettront à mort leur Roy.

Y así ocurrió exactamente 92 años después: en 1649 el Parlamento inglés condenó a muerte al rey Carlos I, siendo esta la única ejecución de un rey que ha ocurrido en la historia de Inglaterra. ¿Cómo pudo prever este hecho Nostradamus con tanta anticipación? Nada de lo que ocurría en su propia época le permitía, ciertamente, sacar esta conclusión o hacer un razonamiento que le llevara a la misma. Otra profecía increíblemente exacta es la que trae la cuarteta 18 de la Centuria IX, que dice:

IX-18
El delfín llevará el lis hasta Nancy
y hasta Flandes el elector del Imperio,

nueva celada al gran Montmorency
fuera de lugares probados entregado a una clara pena.

Le Lys Dauffois portera dan Nansi
Jusques en Flandres electeur de l' Empire,
Neufve obturée au grand Montmorency,
Hors lieux prouvez delivre a clere peine.

Luis XIII, delfín hasta la muerte de su padre Enrique IV, enarbolando las flores de lis de la monarquía francesa entró en Nancy el 24 de septiembre de 1633. Dos años más tarde, cuando el gran elector de Tréveris fue hecho prisionero por los españoles, Luis XIII declaró la guerra a España e invadió Flandes. Todo exacto. Pero realmente lo más asombroso son las dos últimas líneas que se refieren al duque de Montmorency, mariscal de Francia convicto de traición, quien, en 1632, fue condenado a muerte y decapitado por un soldado escogido al azar, de apellido Clerepeyne, las dos últimas palabras de la estrofa. El solo hecho de relacionar a ambos con sus nombres propios, o sea al mariscal ejecutado y a su verdugo no puede ser una simple coincidencia y la probabilidad de que esto ocurriera por simple azar es poco menos que nula.

¿Y cómo pudo el vidente predecir, mediante un ingenioso jeroglífico, que hacia el año 1660 llegaría al trono de Francia un todopoderoso monarca (Luis XIV)?

X-101
Cuando la horquilla esté sostenida con dos palos
con seis semicorazones y seis tijeras abiertas:
el todopoderoso Señor, heredero de los sapos,
subyugará entonces bajo sí a todo el universo.

Quand le fourcheu sera soustenu de deux paux
Avec six demi corps, et six ciseaux ouvers;
Le très pussant seigneur, héritier des crápaus
Alors subjuguera sous soy tuot l' univers.

El jeroglífico de las primeras dos líneas claramente indica una fecha precisa, el año 1660 que en números romanos se escribe MCCCCCCXXXXXX. La horquilla con los dos pilares es la M = 1000, seis medias astas CCCCCC = 600, y seis tijeras abiertas XXXXXX valen 60, en total 1660. Al año siguiente, tras la muerte de Mazarino, Luis XIV, heredero de los "sapos" (insignia de los merovingios y luego de los reyes de Francia), asume personalmente el mando que mantendría por 54 años, siendo un período de esplendor de las letras y las artes y de consolidación de la monarquía francesa, aunque, naturalmente, es exagerado decir, como lo hace Nostradamus, que "subyugará bajo sí a todo el universo". Como luego veremos, el vidente de Salon no se caracteriza por su exactitud a la hora de prodigar sus elogios o de emitir sus juicios. Pero esto, desde luego, no nos impide reconocer su sorprendente acierto.

Además, las profecías sobre la Revolución francesa, aunque en forma oscura, contienen datos asombrosamente exactos. Tengamos en cuenta que en su carta a Enrique II, escrita el 27 de junio de 1558, Nostradamus había previsto: "Ocurrirá en el año 1792 cuando todos pensarán estar en la época de la renovación". Y en efecto, la república fue proclamada el 25 de septiembre de 1792, el mismo año previsto por el vidente para "la renovación".

Una de las profecías más famosas de toda la obra nostradámica es la llamada "profecía de Varennes":

IX-20
De noche vendrá por el bosque de Reims
dos partes virado Herne la piedra blanca
el monje negro en gris en el interior de Varennes
elegido capeto, causa tempestad, fuego, sangre,
[degüello.

De nuict viendra par la forest de Reines
Deux pars vaultore Herne la pierre blanche,
Le moine noir en gris dedans Varennes
Esleu cap. cause tempeste, feu, sang tranche.

Luis XVI y María Antonieta huyeron de París el 20 de junio de 1791. La reina iba vestida de blanco, mientras que el rey, disfrazado de criado, llevaba un modesto traje gris. Se dirigieron al norte del bosque de Reims, hacia la frontera, por caminos desviados, pero en una parada el rey fue reconocido y en el pequeño pueblo de Varennes, la pareja fue detenida y obligada a regresar a París. Aunque, como se ha dicho, el lenguaje empleado no es claro, sí aparecen elementos suficientes para establecer, casi fuera de duda, que se trata del episodio indicado. En primer lugar, sabemos que se refiere al rey, pues se emplea la abreviatura o apócope "cap", es decir, capeto, el nombre que se le daba a la dinastía real francesa; la alusión a Varennes, un insignificante pueblo de la frontera en el cual la familia real fue detenida, indica también sin lugar a dudas que se refiere a este episodio que, en definitiva, condujo a grandes tempestades políticas, fuego, sangre y lo que es más diciente, al degüello (*tranche*), elementos todos que efectivamente ocurrieron en aquellos trágicos días.

Hay otra cuarteta no menos famosa que cita dos nombres propios de personas involucradas en estos hechos:

el conde de Narbona, el ministro más influyente de aquella época y quien hacía un doble juego político y Saulce, el funcionario municipal de Varennes que impidió que el séquito real siguiera su camino hacia la frontera y de quien se sabe era comerciante de aceites. Del primero se dice que es un traidor, hecho que la historia ha demostrado.

IX-34
Al retorno el marido será cubierto con la mitra,
el conflicto atravesará las Tullerías,
por quinientos un traidor será mencionado.
Narbone y Saulce guardan el aceite de sus clientes.

Le part soluz mary sera mittré
retour confict passera sur la thuille,
par cing cens un trahyr será tiltré,
Narbon & Saulce par contaux avons d'huille.

El 20 de junio de 1792, los jacobinos organizaron una demostración masiva e invadieron el palacio de las Tullerías obligando al rey a cubrirse con el gorro frigio, símbolo de la libertad, que es la mitra a la que se refiere la primera línea. Toda vez que la reina no estaba presente la profecía se refiere solamente "al marido". Posteriormente, el 10 de agosto de 1792, quinientos hombres afectos a los revolucionarios ocuparon las Tullerías, asesinaron a los guardias suizos y destituyeron al rey. La mención que se hace de las Tullerías es verdaderamente extraordinaria ya que dicho palacio no existía en la época en que se publicaron las *Centurias*. Muchas traducciones, simplemente hablan de *la thuillé* ("el tejado"), porque el gran edificio se construyó donde antes había una fábrica de tejas, pero el contexto revela sin lugar a dudas su verdadero sentido, es decir, el palacio cuya construcción ordenó Catalina de Médicis en 1564.

Pero las cuartetas que aciertan con un conjunto de detalles en forma más clara y precisa son las que aluden a Napoleón Bonaparte, escritas doscientos catorce años antes de su nacimiento, en 1769, en Córcega. Según la Centuria I cuarteta 60:

I-60
Un emperador nacerá cerca de Italia,
que al Imperio será vendido muy caro,
dirán con qué gentes se une,
será considerado menos príncipe que carnicero.

Un Empereur naistra pres d'Italie,
Qui a l'Empire sera vendu bien cher,
Diront avec quels gens il se ralie,
Qu'on trouvera moins prince que boucher.

Esta semblanza la complementan otras estrofas como la VII-57 y la IV-54:

VIII-57
De simple soldado llegará al Imperio,
de la ropa corta llegará a la larga,
valiente en armas, el peor con la Iglesia,
vejará a los sacerdotes como el agua hace con la esponja.

De soldat simple parviendra en empire,
De robe contre parviendra a la longue,
Vaillant aux armes en eglise ou plus pyre,
Vexer les prestres comme l' eau fait l ' esponge.

IV-54
De nombre que nunca fue del rey galo,
jamás hubo un rayo tan temido,
temblando Italia, España y los ingleses,
de mujeres extranjeras muy atento.

Du nom qui oncques ne fut au Roy Gaulois,
Jamais ne fut un foudre si craintif,
Tremblant l' Italie, l' Espaigne & les Anglois,
De femme estrangers grandement attentif.

Basta repasar un poco la historia para constatar que Napoleón nació en Ajaccio, en Córcega, una isla muy próxima a Italia; que nunca ningún rey de Francia tuvo ese nombre; que se elevó al imperio pasando de las vestiduras republicanas a las de emperador habiendo comenzado como simple oficial de artillería al servicio del Directorio; que su gobierno se caracterizó por su persecución a la Iglesia, pues incluso puso prisionero al propio papa; que hizo la guerra no sólo en Italia, sino también en España y que fue feroz rival de los ingleses; que además tuvo por esposas a mujeres extranjeras como Josefina, nacida en Las Antillas, y la austriaca María Luisa de Habsburgo. Son demasiadas coincidencias para ser tan solo fruto del azar. No existe ninguna forma de prever con tantos años de anticipación hechos tan concretos. Por ello puede decirse, con razonable certeza, que las profecías nostradámicas sobre Napoleón conforman la mejor prueba conocida hasta ahora, de que la percepción extrasensorial en el largo plazo sí existe, contrariamente a lo que pretenden algunos investigadores que sólo admiten este fenómeno en el corto y mediano plazo.

Otro ejemplo notable lo constituye la cuarteta final de las *Prophéties* que habla del poderoso imperio que conformará Inglaterra, hecho que no podía preverse en los días del profeta y cuya duración, de cerca de trescientos años, fue también acertadamente prevista:

X-100
El gran imperio será para Inglaterra.
Un gran poder de más de trescientos años.
Grandes tropas pasarán por mar y por tierra,
los lusitanos no estarán de ello contentos.

Le grand Empire sera par Angleterre,
Le Pempotam des ans plus de trois cens:
Grandes copies passer par mer & terre,
Les Lusitains n' en seront pas contens.

Razonablemente, se puede fijar la duración de este gran imperio entre 1620, al iniciarse formalmente la colonización de América del Norte con el desembarco de los "padres peregrinos", y 1947, con la independencia de la India, o sea unos 327 años. El Imperio británico desplazó a Portugal de su dominio de los mares, por lo cual se dice al final que "los lusitanos (portugueses), no estarán de ello contentos".

Verdaderamente notable es la profecía sobre la bomba atómica lanzada sobre Hiroshima en 1945 según II-91:

Sol naciente un gran fuego se verá,
ruido y claridad hacia Aguilón tendiendo
en el círculo muerte y gritos se oirán
por fuego de guerra, hambre, muerte les esperarán"

Soleil levant un grand feu on vena
bruit et clarité vers Aguilon tendans
dedans le rond mort et cris l'on orra
par glaive feu, foim, mort les attendans.

En otra cuarteta, la II-6, se complementa el terrible vaticinio aludiendo a los puertos japoneses de Hiroshima y Nagasaki:

En dos grandes ciudades cercanas a los puertos
habrá dos calamidades como antes no se habían
[visto…

Aupres des portes & de dans deux cités
seront deux fléaux & oneques n'appereu un tel…

Hay otros aciertos igualmente demostrables en las *Centurias.* Citemos el siguiente sobre acontecimientos recientes, que es muy preciso y que se refiere a nuestros propios días. Veamos lo que se dice en la cuarteta

I-70
La lluvia, el hambre, la guerra no cesan en Persia,
la fe tan grande traicionará al monarca:
Terminará aquí lo que se inició en Francia
profeta retirado en un parque alejado.

Pluye, faim, guerre en Perse non cessee
La foy trop grande trahira le monarque:
Par la finie en Gaule commencée
Secret augure pour à un estre parque.

Para verificar la exactitud de este presagio tengamos en cuenta que en 1979 el *sha* (monarca) de Irán (Persia) fue derrocado por los fundamentalistas islámicos ("una fe excesiva") liderados por el *Ayatollah Jomeini*, un clérigo musulmán chiita ("profeta retirado") que vivía exiliado en Francia, desde donde exhortó al pueblo a la rebelión ("terminará aquí lo que se inició en Francia"). Todo esto ocurrió en medio de las calamidades referidas en la primera estrofa ("lluvia, hambre, incesantes disturbios y guerra").

Hay también una extraña profecía que no se encuentra en las *Centurias* sino en la carta al rey Enrique II, en la cual podemos leer esta frase: "Habrá también cambios extremos, permutaciones de reinos, grandes temblores de tierra, con pululación de la nueva Babilonia, hija miserable crecida por la abominación del primer holocausto, que solamente se sostendrá durante setenta y tres años y siete meses". Si consideramos que el primer holocausto es sin duda la primera guerra mundial, sabemos que de ella surgió en 1917 el imperio comunista, que duró hasta diciembre 25 de 1991, fecha en la que oficialmente se liquidó la URSS, setenta y cuatro años después de que el 7 de noviembre de 1917 el Congreso de los soviets de toda Rusia dio el poder al Partido Bolchevique. ¿Notable coincidencia o verdadera profecía?

Creemos que es suficiente el breve recuento de los citados textos para demostrar que la precognición en el largo plazo –por imposible que parezca– verdaderamente ocurre. Desde luego son muy raros los casos bien demostrados como los que hemos citado, y en esto Nostradamus se lleva la palma.

Nostradamus muestra el espejo mágico a Catalina de Médicis, *grabado. En: Francis X. King y Stephen Skinner,* Nostradamus, *Círculo de Lectores, 1993.*

EL TIEMPO HA LLEGADO

Hay dos grandes acontecimientos que Nostradamus anuncia en su obra y que según los más versados de sus intérpretes constituyen realmente la razón de ser de sus escritos: una gran catástrofe que afectará a nuestro planeta, y la más feroz y larga de las guerras mundiales, la guerra final entre el Occidente y el islam de la cual nos ocupamos en este libro.

Es natural que surja entonces la inquietante pregunta ¿cuándo sucederán estos hechos? Es esta una cuestión que ha permitido plantear las más variadas hipótesis sobre la cronología expresa y sobre todo de la encubierta en las cuartetas del gran vidente.

Ante todo creemos necesario dilucidar este punto: la gran guerra que se anuncia entre el mundo occidental y el islámico probablemente ocurrirá con anterioridad a la gran catástrofe natural. No parece posible que después de semejante desastre, la humanidad se encuentre en condiciones de librar una guerra tan larga y terrible. Los sobrevivientes de la catástrofe cósmica –como ha ocurrido en el pasado según muchas tradiciones– lo único que podrán hacer es iniciar la penosa tarea de reconstruir la civilización destruida por los cataclismos; la Tierra estará despoblada en muchas partes y el ser humano difícilmente logrará sobrevivir ante las adversas circunstancias que tendrá que afrontar.

Nostradamus, *grabado. En: Francis King,* Magic the Western Tradition, *Thames and Hudson, 1975.*

Esta interpretación ciertamente encuentra respaldo en el examen de la cronología que Nostradamus ha indicado, aunque en forma velada, como es el estilo de toda su obra.

Según la interpretación de J. Ch. de Fontbrune, no hay duda de que el gran conflicto está próximo a comenzar como lo anuncian claramente, de otra parte, los acontecimientos mundiales, especialmente la guerra contra el terrorismo de origen islámico y el conflicto palestino-israelí, que sin duda alguna puede arrastrar al mundo entero a la conflagración. Según dicha interpretación, Nostradamus emplea tanto la cronología corriente como la bíblica, de acuerdo con la cual y tal como lo explica en su carta a Enrique II, rey de Francia, entre Adán y Jesucristo transcurrieron un total de 4757 años.

De acuerdo con este dato, y considerando que en su carta a su hijo César, el vidente expresamente dijo que había escrito estas profecías "que constituyen vaticinios perpetuos desde hoy hasta el año 3797", tenemos las claves numéricas necesarias para establecer que *las guerras del Anticristo*, empezarán justamente en los alrededores del segundo milenio después de Cristo, es decir, ahora mismo. Claramente había escrito el profeta en dicha carta: "Actualmente estamos en el séptimo millar en el cual todo tiene su fin...".

¿Cómo se llega a esta conclusión? Basta hacer este sencillo cálculo: la citada carta fue escrita en 1555 y de esta fecha al año 3797 en el cual finalizan las profecías, hay 2242 años. Si se añade esta cifra a la cronología bíblica que ya se ha mencionado y de la que expresamente habla Nostradamus, obtenemos el siguiente dato: 2242+4757=6999 de dicha cronología que equivale a 1999 de la cronología corriente. Esta cronología coincide con la de muchos otros videntes, entre ellos la famosa santa Hildegarda de Bingen quien calculaba la duración del mundo en siete edades, prefiguradas por los días de la creación. Por ello escribió, en 1138, "el mundo acaba de franquear los límites de la sexta edad, y ha entrado en la séptima, que es la que precede al último día". Para la tradición judeo cristiana, en efecto, el número siete tiene especial significado como lo revela el hecho de que la primera fiesta instituida fue la del séptimo día de la Creación y que la fecha de la Pascua es anterior a siete veces siete a la de Pentecostés. Esto se corresponde además con la *Shemitah,* que es la teoría cíclica hebrea del tiempo y de la historia, de acuerdo con la cual la presente era termina precisamente en el año dos mil y, después de ello y pasadas grandes tribulaciones, el mal será vencido y se alcanzará la armonía universal, hecho que viene siendo preparado por la renovación del judaísmo; 1999 sería por tanto el año clave, ya que en esta fecha se daría inicio a los acontecimientos que en numerosas cuartetas detalla Nostradamus dentro de la gran conflagración mundial que prevé.

En este año, según la cuarteta X-72, ocurriría un gran acontecimiento celeste que sería, tal vez, la señal para dar inicio al reinado de la guerra, el reinado de Marte:

X-72
El año mil novecientos noventa y nueve siete meses
del cielo vendrá un gran rey de terror.
Resucitar al gran rey de Angoumois,
antes después Marte reinará con fortuna.

L'an mil neuf cent nonante neuf sept mois
Du ciel viendra un grand Roy d'effrayeur

Ressusciter le grand Roy d' Angolmois
Avant apres Mars regner par bonheur.

Aquí, como en muchas otras partes de su obra, Nostradamus establece un paralelo histórico –seguramente muy de acuerdo con la doctrina esotérica de los ciclos– entre los futuros acontecimientos y la invasión que los bárbaros hicieron en el pasado a Francia. El Angolmois (comarca de Francia, al norte de Aquitania) fue conquistado por los visigodos y luego fue atacado por Atila, el feroz rey de los hunos, llamado *el azote de Dios*, en su invasión del occidente europeo en el año 451 de nuestra era. Y como con muchísimos detalles se verá luego, en el inminente futuro se iniciará una guerra que también llevará a la invasión de todo el occidente europeo incluyendo desde luego la propia Francia, la patria del vidente que ocupa el centro de sus preocupaciones. Debe decirse que en forma equívoca se habla de la fortuna, como si se hablara de hechos felices, pero es todo lo contrario, pues de lo que se habla es de la fortuna de Marte, es decir de la guerra, para la cual habrá tiempos propicios. Téngase en cuenta, además, que el planeta rojo en agosto de 2003 estuvo más cerca que nunca de la Tierra, pues incluso pudo apreciarse como un faro anaranjado, quince veces más brillante que las mayores estrellas del verano.

Ahora bien, muy pocos saben que en la fecha indicada ocurrió un acontecimiento celeste verdaderamente excepcional que no ha podido ser explicado por los científicos, hecho que, de acuerdo con las creencias astrológicas de los antiguos, anuncia sucesos extraordinarios para los seres humanos.

En efecto, el 15 de septiembre de 1999 un misterioso acontecimiento celeste dejó perplejos a los astrónomos de todo el mundo: se detectó una súbita explosión de energía procedente del espacio exterior que eclipsó durante varias horas a algunas estrellas. Este inexplicable destello luminoso resultó espectacular en las radiaciones no visibles como ondas de radio, rayos gamma y rayos X que incrementaron 120 veces su intensidad habitual.

Sin ocultar su perplejidad, el astrónomo Richard Berendzen dijo: "se trata de algo digno de una historia de detectives, pues en lo único en que están de acuerdo todos los investigadores del espacio profundo es que el origen de este particular destello de energía es un completo enigma". Sólo sabemos que se trató de algo realmente "inusual", aseguró Bob Hjellming del observatorio de radioastronomía de Nuevo México.

Y aunque se puede discutir en cuanto a la exactitud de la fecha indicada por Nostradamus, pues el séptimo mes del año no es septiembre sino julio, debe recordarse que originalmente septiembre era el séptimo mes del año y de ahí deriva precisamente su nombre que significa "el séptimo".

¿Por qué se ha ignorado este hecho excepcional y por qué estos fenómenos celestes tienen tanta significación para los antiguos? La primera cuestión puede contestarse si tenemos en cuenta lo inusual del fenómeno y el hecho de que el mismo sólo puede ser materia de estudio mediante un delicado y complejo instrumental científico que incluye grandes radiotelescopios y sistemas computarizados de análisis que, ciertamente, aleja estos fenómenos del gran público, fuera de la consabida cautela de los científicos. Por ello, y a pesar de su espectacularidad para la ciencia, la gran irradiación cósmica de septiembre de 1999 ha sido prácticamente desconocida.

Y en cuanto a lo segundo, es decir al significado de los fenómenos celestes para los antiguos, es conveniente recordar que para todos los pueblos, hasta hace muy poco tiempo, lo que ocurría en los cielos –en particular los cometas– era el anuncio inequívoco de grandes acontecimientos, por lo que siempre han suscitado temor y presagio de desastres. Ello se debe a que en el inconsciente humano, lo inalterable y ordenado del universo era súbitamente trastornado: algo extraordinario, fuera de lo corriente debía entonces ocurrir. Como anota Carl Sagan: "parecía inconcebible que una lengua espectacular de llama blanca como la leche, saliendo y poniéndose con las estrellas noche tras noche, estuviera allí sin ninguna razón, que no trajera algún presagio sobre cuestiones humanas. Así nació la idea de que los cometas eran precursores del desastre, augurios de la ira divina; que predecían la muerte de los príncipes y la caída de los reinos"[8].

Al recordar sólo algunos grandes acontecimientos históricos comprobamos que la aparición del cometa Halley, en el año 66, fue el presagio de la destrucción de Jerusalén en el año 70. Y, en 1066, al regresar dicho cometa, los normandos pensaron que vaticinaba el triunfo de Guillermo el Conquistador en su invasión de las islas británicas; su nueva aparición en 1466 aterrorizó a toda la Europa cristiana, pues se pensaba que Dios anunciaba terribles desastres a manos de los turcos que pocos años antes, en 1453, habían destruido el Imperio bizantino que era la única barrera que se oponía a la expansión musulmana por el oriente del continente.

Y aunque estas creencias, ciertamente, no tienen nada que ver con el moderno conocimiento científico, algo

[8] Carl Sagan. *Cosmos*. Planeta, Barcelona, 1982, pág. 78.

tienen de razón, pues oscuramente dejan entrever que tal como se ha demostrado, los cometas y otros cuerpos celestes pueden significar un gran riesgo para la Tierra porque los mismos, tarde o temprano, terminan chocando con los planetas. Muchos cráteres en la Luna y en la propia Tierra atestiguan el bombardeo constante a que ambas han sido sometidas por el impacto de tales cuerpos celestes. Recordemos que en nuestra propia época, un hecho de tales características ocurrió en 1994, cuando un gran meteoro colisionó con Júpiter.

En síntesis, podemos decir que, de acuerdo con Nostradamus, este acontecimiento celeste anuncia que pronto se iniciará la gran guerra en la cual *los bárbaros* (los musulmanes) atacarán el corazón mismo de nuestra civilización.

Otras cuartetas confirman que los hechos desgraciadamente están próximos; así, en X-89 se habla de 57 años de paz, justamente los que han transcurrido desde el final de la segunda guerra mundial hasta el presente:

X-89
De ladrillo en mármol serán los muros reducidos.
Siete y cincuenta años pacíficos:
Alegría para los humanos, renovado el acueducto,
salud, grandes frutos, alegría y tiempos maléficos.

De brique en marbre seront les murs reduits,
Sept & cinquante annees pacifiques:
Ioye aux humains, renoué l'aqueduict,
Santé, grands fruicts, ioye & temps malefique.

En el año 2002 se cumplen exactamente 57 años de paz a partir de 1945, año en que terminó la segunda guerra mundial con la rendición del Japón. Estos años han sido de relativa paz, pues durante este período y a pesar de numerosas guerras locales, no se ha vuelto a presentar un conflicto de alcance mundial como fue aquella horrible contienda. Estos años han sido considerados por Nostradamus, sin duda con exageración, como un período de "salud y grandes frutos", lo cual evidentemente sólo se refiere a los países desarrollados: Estados Unidos –que acaba de salir de una era de excepcional bonanza económica– Canadá, Europa occidental, Australia y las nuevas potencias industriales del Oriente. Tales apreciaciones, exageradas, como se ha dicho, sin embargo, son válidas si se compara el período que termina con el que ahora mismo comienza de la guerra total entre el islam y Occidente. De dicho período el vidente dijo en su carta a Enrique II que "será hecha la tercera inundación de sangre humana y las sangrientas contiendas no tendrán descanso durante largo tiempo", es decir que pasadas las dos inundaciones de sangre anteriores, o sea la primera y la segunda guerras mundiales, se iniciará la tercera. En su carta a su hijo César había dicho que: "estas guerras serán más horribles que las que tres generaciones juntas hayan podido ver...".

En I-48 el vidente dice que su profecía se cumplirá en lo que concierne a los últimos hechos, cuando se cumplan veinte años del dominio islámico (el reino de la Luna), es decir que a partir del 2002 se iniciaría un período de aproximadamente veinte años en que los musulmanes mantendrán iniciativa sobre los occidentales. Al terminar este período, se han cumplido ya siete mil años de acuerdo con la clave numérica ya explicada y entonces, "otro tendrá el dominio", que debe ser el rey francés, que es motivo de muchas otras previsiones y quien pacificará toda Europa. Entonces "será acabada y cumplida mi profecía".

I-48
Veinte años del reino de la Luna pasados
siete mil años, otro tendrá su monarquía
cuando el Sol repase sus días cansados.
Entonces será acabada y cumplida mi profecía.

Vingt ans du regne de la Lune passez,
Sept mille ans autre tiendra sa monarchie:
Quand le Soleil prendra ses iours lassez,
Lors accomplir & mine ma prophetic.

El profeta alude también a sí mismo y a su obra en III-94, en donde dice precisamente que, en quinientos años, se tendrá en mayor estima y se habrá esclarecido el sentido de sus predicciones, siendo este dato muy importante para la cronología que sugerimos ya que evidentemente se refiere a nuestro siglo, quinientos años después de la época del profeta de Salon.

III-94
En quinientos años se le tendrá en mayor estima
a aquel que fue un ornato de su tiempo,
después de golpe, gran claridad dará
que por este siglo les volverá muy contentos.

De cinq cens ans plus compte lon tiendra,
Celuy qu'estoit l'ornement de son temps,
Puis à un coup grande clarté donra,
Que par ce siecle les rendra tres contens.

Agreguemos que, si el profeta escribió sus pronósticos varios años antes de su primera publicación en 1555 (pues se sabe que por prudencia los había ocultado), y que la guerra que prediçe, tal como se verá, durará, en varios períodos, unos veintisiete años y que además habrá un armisticio de trece años, tendremos que la culminación de estos quinientos años que transcurrirán antes de que sus profecías puedan ser aclaradas del todo, puede fecharse en forma aproximada pocos años antes de la quinta década del siglo XXI, cuando ya haya terminado la tercera guerra mundial y el mundo se halle por fin, nuevamente en paz. Nostradamus predice, por tanto, que su obra no siempre será impenetrable, pues como dice en la carta a su hijo César, sus profecías "no obstante su forma nebulosa, serán comprendidas inteligentemente, pero eso será cuando la ignorancia sea disipada...".

En la siguiente cuarteta se dan algunas indicaciones sobre la época a la que estos acontecimientos se refieren:

I-49
Antes, mucho antes de que esto suceda
Los de Oriente por la virtud de la Luna
en el año mil setecientos harán grandes cambios,
subyugando casi el rincón aquilonal.

Beaucoup avant telle menees,
Ceux d'Orient par la vertulunaire
L'an mil sept cens feront grand emmenees,
Subiuguant presque le coing Aquilonaire.

Estas estrofas atañen a la expansión del Imperio turco por toda Europa oriental, lo que ocurrirá, "antes, mucho antes" de la tercera guerra mundial. Sabemos que la Luna es el símbolo de los mahometanos (el calendario islámico comienza cuando la creciente de la Luna vuelve a aparecer); sabemos además que los turcos llegaron hasta las puertas de Viena en 1683 y que el Imperio otomano alcanzó su máximo poderío en el año de 1699 en el que se firmó el tratado de Carlowitz, ciudad de la antigua Yugoslavia a orillas del río Danubio. La decadencia de los turcos comenzó justamente en esta época después de haber dominado casi todo el este de Europa ("el rincón aquilonal"). Por medio de este acuerdo, firmado entre Turquía, por una parte, y Austria, Polonia, Rusia y Venecia, por la otra, se señalaron los límites definitivos del Imperio otomano en Europa oriental.

Por tanto hay dos referentes históricos que sirven para fijar la fecha en que la gran conflagración se iniciará: el término de la expansión turca en Europa en el año de 1700, que es el precedente histórico para que el ciclo de expansión musulmana se reinicie, 57 años después de finalizar la segunda guerra mundial. Y por esto se dice en otra cuarteta:

II-46
Después (de) grande enfrentamiento humano otro
[mayor se prepara.
El gran motor renueva los siglos:
Lluvia, sangre, leche, hambre, hierro y peste,
visto fuego en el cielo, corriendo larga centella.

Apres grand trocbe bumain puls grand s' appreste
Le grand moteur les siècles renouvelle:
Pluye, sang, laict, famine, fer et peste,
Au ciel veu feu, courant longue estincelle.

El gran enfrentamiento humano de que se habla en la primera línea es, desde luego, la segunda guerra mundial, después de la cual, cuando ya hayan pasado los cincuenta y siete años mencionados, y cuando se renueva el siglo, su gran motor, que es naturalmente la guerra, prepara otro enfrentamiento aún mayor, lo que ocurrirá en la época de un gran acontecimiento celeste ("corriendo larga centella"). De todo ello resultará la sangre, el hambre, hierro (la guerra) y la "peste" que es la guerra bacteriológica que, como veremos, es claramente anunciada en muchas otras cuartetas por Nostradamus.

En VI-24 se ofrece un dato astrológico para fechar "la calamitosa guerra" que viene:

VI-24
Marte y el cetro se aliarán
bajo la influencia de Cáncer calamitosa guerra:
Poco tiempo después un nuevo rey será coronado,
que por largo tiempo pacificará la Tierra.

Mars & le sceptre se trouvera conionct,
Dessoubs Cancer calamiteuse guerre,
Un peu apres sera nouveau Roy oingt,
Qui par longtemps pacifiera la terre.

De acuerdo con varios intérpretes una conjunción entre Marte y Júpiter –al que se llama "el cetro" por ser el rey de los dioses– en el signo de Cáncer, es la señal celeste que indica el inicio de una guerra que por su magnitud es calificada de "calamitosa" como lo es sin duda la que Nostradamus prevé entre el islam y Occidente. Poco tiempo después será coronado el gran rey Enrique V, conocido con el anagrama de *Chirén* quien, después de largas y feroces luchas, logrará derrotar a los invasores islámicos estableciendo un período de paz en todo el mundo, hechos todos ellos de los que nos ocuparemos con detalle. Esta particular conjunción, según el astrólogo alemán Christian Wollner, se presentó en torno al 21 de junio del 2002, lo que, si esta interpretación es correcta, señalará el inicio de un nuevo furor homicida, la tercera guerra mundial. Así, trágicamente, se cumplirá el vaticinio sobre el siglo que apenas comienza: "nosotros esperamos un siglo bien siniestro" *(Nous esperons un siecle bien senestre* II-10).

En otras estrofas se ofrecen más detalles sobre los hechos futuros, precisándose que "los de Venus dominarán toda el África" (V-2), otra forma de aludir a los musulmanes pues la Luna suele representarse en las insignias de los países mahometanos acompañada del planeta Venus y, en esa misma cuarteta, se dice que en Asia se producirán grandes cambios: "y cambiará la parte de Asia".

En la cuarteta VIII-77 se habla de una pronta victoria del Anticristo (que, como se explicará, es el jefe islámico que ataca a Occidente dando origen a la conflagración) sobre tres países, pero que la guerra será larga ya que durará 27 años:

VIII-77
Tres serán aniquilados pronto por el Anticristo,
veintisiete años de sangre durará su guerra,
los herejes serán muertos, los cautivos exiliados,
sangre, cuerpos humanos, agua enrojecida, granizar
[tierra.

L' antechrist trois bien tost annichilez,
Vingt & sept ans sang durera sa guerre,
Les hérétiques morts, captifs exilez,
Sang, corps humain, eau rougie, gresler terre.

Los tres países a los que se refieren estos versos son los primeros que serán conquistados por el ataque islámico: Armenia, Turquía y Egipto, estos dos últimos aliados de Estados Unidos y los más pro-occidentales de los países islámicos. La guerra, debido sin duda a su gran duración, presentará diversas alternativas de triunfos y derrotas para los islámicos y correlativamente para los occidentales. Pero al final, el triunfo occidental es vaticinado por Nostradamus, luego de que se expulse a los mahometanos del mar Mediterráneo que, durante años, han dominado a partir del inicio de las hostilidades.

VIII-59
Por dos veces arriba, por dos veces puestos abajo
Oriente y también Occidente, desfallecerá,
su adversario, después de muchos combates,
será expulsado por mar, por necesidad cederá.

Par deux fois hault, par deux fois mis à bas
L'orient aussi l'occident foiblira
O on adversaire après plusieurs combats,
Par mer chassé au besoing faillira.

La estrofa que acaba de citarse es realmente muy importante para la hermenéutica de la obra del vidente provenzal; claramente aparecen en ella, en una gran visión de conjunto, los dos grandes protagonistas de la guerra: el Oriente de un lado, es decir todo el mundo islámico y el Occidente, es decir Europa y Estados Unidos del otro. No hay duda: Nostradamus predice una gran guerra entre estos dos contendores que han sido siempre dos grandes rivales en el escenario de la Historia Universal.

Nostradamus predijo para nuestros días la tragedia de Beslán (Rusia).

X-74
El término del gran número séptimo,
aparecerán juegos de hecatombe,
no lejos de la gran edad milésima
los que entraron saldrán de sus tumbas.

Au révolu du grand nombre septiesme,
Apparoistra au temps ieux d' Hécatombe,
Non esloigne du grand age milliesme,
Que les entrez sortiront de leur tombe.

De acuerdo con este texto concomitantemente con unos juegos ocurre una gran matanza, una "hecatombe", hecho cercano al año 2000. Esto fue exactamente lo que sucedió en Beslán (en el Cáucaso ruso) el 3 de septiembre de 2004, muy pocos días después de las Olimpiadas de Atenas, cuando terroristas chechenos dieron muerte a centenares de personas, especialmente niños, que previamente habían secuestrado en la escuela de esa población.

No hay duda que de acuerdo con la cronología del profeta en esta estrofa se alude a nuestra propia época. Se conjungan dos factores: "el gran número séptimo" y "no lejos de la gran edad milésima", es decir, cerca del año 7000 que como ya se explicó corresponde al 2000 de nuestra era.

En la última linea de la profecía, la alusión a los trágicos sucesos termina con la gráfica descripción según la cual "los que entraron saldran de su tumba", elocuente alusión a la escuela de Beslán que se convirtío en una verdadera tumba de la que sólo lograron salir algunos de los secuestrados.

Ahora bien, en relación con el segundo gran acontecimiento de que tratan las *Centurias*, es decir, al gran cataclismo que ocurrirá después de que termine la guerra islam-Occidente, puede decirse que se corresponde con una de las creencias más arraigadas en la tradición universal: *la destrucción cíclica del mundo,* unas veces por agua (grandes inundaciones y maremotos como ocurrió con la Atlántida), otras veces por fuego (grandes erupciones volcánicas) o por terremotos o por la colisión contra nuestro planeta de algún cuerpo celeste, como ocurrió, por ejemplo, hace unos 65 millones de años con el formidable impacto en la región de lo que hoy es el golfo de México, que fue tan enorme que cambió el clima y las condiciones de vida sobre la Tierra, causando la extinción de los grandes monstruos que la habitaron durante miles de años. Estos eventos catastróficos han dejado una honda huella en el inconsciente colectivo del ser humano y por ello, en todas las tradiciones conocidas, se habla de varias humanidades destruidas sucesivamente por diversas catástrofes.

Nostradamus, que como sabemos conocía profundamente estas antiguas tradiciones, en su obra alude a una gran catástrofe, tan grande que, como lo dice en su carta al rey Enrique II, "alguna gran traslación se producirá, y esta será tal que se pensará que la gravidez de la Tierra haya perdido su natural movimiento y que se haya hundido en perpetuas tinieblas". Y estas catástrofes, de acuerdo con las más antiguas tradiciones no ocurren al azar, sino de manera cíclica, de modo que la eclíptica o sea el trayecto que recorre el Sol por el Zodiaco y que se calcula en unos 25 824 años, se divide –siempre de acuerdo con tales tradiciones– en tres edades, cada una de la cuales termina con un cataclismo. Así, en cada vuelta del Sol perecen tres humanidades, siendo los tres puntos de ruptura el paso de Escorpio a Libra, el de Cáncer a Géminis y el tercero, que es al que estamos próximos a llegar, el paso de Piscis a Acuario.

De acuerdo con exhaustivos estudios, tanto de la cronología antigua como de la propia obra del vidente provenzal, Daniel Ruzo ha llegado a la conclusión de que la gran catástrofe cósmica que se avecina ocurrirá en la primera mitad del siglo XXII, más concretamente alrededor del año 2137, ya que allí se da exactamente el comienzo de la Nueva Era, la de Acuario. Para este erudito investigador, la curva abierta que traza el Sol en su marcha retrógrada, volviendo a su punto de partida en relación con las estrellas fijas cada 25 824 años solares, es "el único reloj exacto para la historia de la humanidad". Gracias a las numerosas leyendas y cuentos recogidos tanto en los libros sagrados como en las tradiciones orales de la mayor parte de los pueblos del mundo es posible reconstruir la que el llama *ciencia de los tiempos,* la base de las profecías que anuncian las grandes tragedias universales, al final de cada edad de cuatro períodos zodiacales.

Y aunque parezca un vano alivio, todo esto ocurre, según las mismas tradiciones, para depurar el proceso evolutivo de la humanidad que se dirige en forma tan penosa como segura, hacia una meta de inimaginable grandeza.

NOSTRADAMUS, EL HOMBRE

Si la obra de Nostradamus realmente es muy misteriosa, fundadamente puede decirse que no ocurre lo mismo con su vida, ya que la misma se conoce muy bien, incluso algunos detalles no sólo sobre el vidente sino también sobre algunos de sus parientes y antepasados. Sabemos que Michel de Notre-Dame nació el jueves 14 de diciembre de 1503 al mediodía en Saint-Rémy de Provence, una antigua provincia del suroeste de Francia. Aún es posible ver su casa natal en dicha ciudad, como también la de Salon en la que escribió sus famosas profecías. Su padre, Jacques de Nostredame, era notario y se casó con Renata de Saint-Rémy, madre de nuestro personaje.

Se afirma que sus abuelos fueron judíos de la tribu de Isacar y que eran personas cultas y estudiosas de las escrituras como también de la cábala y el hermetismo de la tradición mágica occidental. Desde el gobierno del rey Carlos VIII se había ordenado la confiscación de todos los bienes de los judíos que no se convirtiesen al catolicismo, medida que reiteró en 1493 Luis XII, dándole a los judíos tan solo tres meses para formalizar su conversión. Esto hicieron los familiares de Nostradamus, que, posiblemente, adoptaron su apellido del distrito de Aviñón donde vivían: el barrio de Nuestra Señora.

Miguel fue el mayor de los hijos de una familia numerosa y es probable que su abuelo materno, Jean de

Joseph Ré, Nostradamus, *escultura, 1866. En: David Ovason,* Los secretos de Nostradamus, *Plaza & Janés, 1999.*

Saint-Rémy, un médico muy erudito, lo iniciase en el estudio de determinados libros secretos de la cábala hebrea, así como en los rudimentos de la astrología, "la ciencia celeste", y en los ritos y ceremonias mágicas que conocían los judíos de su época. También aprendió el hebreo, el griego y el latín, lengua a la que convirtió casi en su propio idioma, pues se sabe que Nostradamus tenía una memoria excepcional.

Después de terminar sus estudios en Aviñón como Maestro en Artes, salió de dicha ciudad en 1521 para estudiar medicina en Montpellier; pero después de algún tiempo debió abandonar sus estudios para dedicarse a cuidar a los habitantes de Narbona, Toulouse y Burdeos, ciudades asoladas por la peste; allí aplicó principios de asepsia desconocidos en su época, lo que desde luego le valió incomprensión y reproches. Luego terminó sus estudios de medicina y se dedicó a ganarse el sustento como médico que preparaba sus propias recetas y que, además, vendía perfumes, cosméticos y filtros de amor. En la ciudad de Agen, se casó y tuvo dos hijos que fallecieron de corta edad. En 1539 también falleció su esposa, lo que motivó que Nostradamus, muy afligido, decidiera llevar una vida errante durante varios años, visitando así muchos lugares de Francia e Italia.

Se dice que fue precisamente allí, donde Nostradamus comenzó a demostrar sus extraordinarias dotes como clarividente, pues un día, siguiendo un polvoriento camino, se encontró con un humilde monje franciscano, ante el cual sorpresivamente decidió arrodillarse para asombro de los presentes. Al preguntársele por tan extraña actitud contestó: "debía arrodillarme ante el papa". En efecto, el humilde monje, con el correr de los años llegaría a convertirse en el papa Sixto V.

En 1546, al desatarse la gran peste de Aix en Provence prestó sus cuidados a los numerosos enfermos y luego se trasladó a Lyon para ejercer como médico con motivo de otra gran epidemia. Finalmente, al año siguiente se trasladó a Salon, otra ciudad de Provenza, donde contrae matrimonio y donde pasa el resto de su vida dedicado a ejercer su profesión y a escribir sus profecías.

En mayo de 1555 aparecieron las tres primeras *Centurias* y también la carta a su hijo César en la cual se dan algunas explicaciones –oscuras como siempre– sobre sus escritos. Las *Prophéties*, como se sabe, están escritas en verso, formando cuartetos que agrupados de cien en cien fueron llamados posteriormente *Centurias.* La primera edición obtuvo un gran éxito de tal manera que en 1557 ya se habían editado siete *Centurias.*

Debido a su gran fama Nostradamus, fue llamado a la Corte de Catalina de Médicis, llegando a París en agosto de 1555. Trasladado a Blois y requerido por el destino de los príncipes, afirmó que los tres hijos de Catalina reinarían, lo que efectivamente ocurrió con Francisco II, Carlos IX y Enrique III. Toda la nobleza desfiló ante el vidente, abonándole grandes estipendios por sus predicciones y horóscopos. Más adelante Nostradamus, fatigado de esta vida, resuelve volver a Salon en donde muere el 2 de julio de 1566. La víspera había dicho a su discípulo Chavingny: "mañana no me verás con vida al nacer el sol", y ese día por la mañana fue hallado en su estudio "muerto cerca de la cama y el banco" tal como lo había escrito antes en el último cuarteto de sus *Presagios.*

Aunque se le atribuyen muchas anécdotas, la vida de Nostradamus es la de un buen burgués del siglo XVI. Algunos creen que pertenecía a alguna sociedad secreta, pero de ello no hay ninguna demostración, lo que no impide, desde luego, que estuviera en comunicación con personajes ocultistas de su época y que conociese muchas de sus ideas.

Hay, no obstante, ciertas cosas no muy fáciles de explicar. La primera de ellas, el origen de su fortuna, pues aunque los reyes y nobles pagaban con largueza sus servicios, y él llevaba una vida moderada, esto no explica que pudiera financiar de su bolsillo obras como el canal de Craponne que representó unos diez millones de luises de oro, además de haber contribuido generosamente a la construcción de varios hospitales.

La iconografía tradicional del vidente nos ha hecho llegar la imagen de un hombre de barba bien cortada y mirada serena en su gabinete de estudio. Como sabio de su época, Nostradamus estuvo marcado por el humanismo que tenía concepciones e ideales de gran altura. En aquella época y a diferencia de las que le sucedieron y por supuesto de la nuestra, no existía la parcialización del saber, o sea la tendencia a la especialización. El verdadero sabio tenía amplios conocimientos no sólo sobre la cultura antigua, sino también sobre las ciencias, marcos de referencia en los que el ser humano encontraba su puesto. En este vasto universo cultural se incluían aspectos que hoy parecen extraños, pues se incorporaban seres y potencias espirituales que regían la marcha de los acontecimientos lo mismo que las energías sutiles de realidades invisibles. El mundo y el hombre, por lo tanto, no eran interpretados de manera unilateral y parcializada como hoy. Nostradamus fue, sin duda, un gran exponente de la mentalidad renacentista y de su eclecticismo entre lo natural, lo espiritual y lo divino.

La Opera Omnia de Nostradamus comprende:

- Las Centurias I a VII (*Prophéties*). Precedidas de una carta a su hijo César.
- Las Centurias VIII-X (*Prophéties*) y la carta al rey Enrique II.
- Las Predicciones (de publicación póstuma).
- Los Presagios, compuestos por 141 cuartetas escritas desde 1555 hasta 1566.
- Los Almanaques (de discutida autenticidad).
- Varias interpretaciones y jeroglíficos, fórmulas y recetas.
- Cartas personales.

En la iglesia de Cordelliers, en Salon-de-Crau, aún hoy puede leerse el epitafio que hace honor a la vida del gran vidente:

"Aquí reposan los huesos de Miguel Nostradamus, cuya pluma casi divina fue juzgada por todos digna de transmitir a los hombres los acontecimientos futuros de toda la Tierra según el influjo de los astros. Falleció en Salon-de-Crau, Provenza, el año de gracia de 1566, el día 2 de julio, a los sesenta y dos años, seis meses y diecisiete días ¡Oh sucesores!, no toquéis sus cenizas, celosos de su reposo".

Nostradamus es el más grande vidente de todas las épocas. No hay duda de que su don de profecía no ha tenido parangón, ni en el pasado ni en el presente. Es verdad que siempre han existido adivinos, videntes, síquicos y profetas tanto en las sociedades primitivas como en las grandes culturas históricas. Pero no existe en el mundo una obra como la del vidente provenzal tan extensa, compleja y minuciosa y que abarque tan largo período de tiempo. Ni los libros sibilinos, de los que se sabe fueron adulterados, ni las profecías de san Malaquías, de cuya autenticidad se duda, para citar tan sólo las más célebres obras proféticas, pueden compararse con las *Prophéties*.

De los grandes profetas bíblicos cabe decir que el alcance de sus anuncios es mucho más limitado y su mensaje es principalmente de exhortación a la conversión más que de adivinación del futuro. Y en cuanto al Apocalipsis, el hecho es que su carácter simbólico es tan acentuado que difícilmente puede concluirse algo concreto sobre los hechos que habrán de sucederse y tan solo podría hablarse de una manera muy general de grandes guerras, hambre, terremotos, pestes y diversos fenómenos celestes, todo enmarcado en innumerables y oscuras imágenes de impenetrable sentido.

La obra nostradámica es única también porque se sabe a ciencia cierta cuándo fueron publicadas sus profecías, se conservan las ediciones originales y se tienen además varias importantes claves que el mismo vidente suministró en dos cartas, una dirigida a su hijo César y otra que se dedicó aparentemente a Enrique II, rey de Francia, aunque no es tan descabellado pensar que más bien se dirigió ocultamente al futuro rey *Chirén*, el gran Enrique V.

Fuera de las razones aducidas para explicar la deliberada oscuridad de sus vaticinios, es decir, por prudencia para evitar maledicencias y persecuciones, es presumible que el profeta, al tener plena conciencia de la gravedad de sus anuncios, creyese firmemente que su deber era evitar el pánico y que las gentes se vieran presas de una especie de fatalismo que les inhibiera de realizar acciones constructivas en su vida y en la sociedad. Si todo está predeterminado, según la errónea interpretación que muchos dan a la anticipación del futuro, no valdría la pena esforzarse ni hacer nada para cambiar un destino que se cumplirá inexorablemente. Pero a pesar de lo dicho, todavía no es del todo claro el motivo por el cual el vidente escribió su gran obra. En primer lugar, no parece razonable creer que fuera destinada a que un gran público la leyese, que es lo que en definitiva sucedió desde el principio. En su carta a su hijo César había expresado que escribió sus profecías "por medio de veladas y enigmáticas sentencias... para no escandalizar los frágiles oídos de muchos".

La verdad es que, aparte del interés puramente científico como prueba de la premonición en el largo plazo, las *Prophéties* no han servido ni como advertencia de los males que habrán de sucederse si el hombre no rectifica drásticamente su inclinación hacia el odio, la destrucción y la guerra, ni como fuente de alguna inspirada enseñanza en bien de la humanidad, elementos que contrastan notablemente con la tradición profética de la Biblia en la que sus grandes profetas, Isaías, Jeremías, Ezequiel o Daniel, siempre hacen sus anuncios a fin de amonestar al pueblo, exhortarlo a su conversión o mostrar el poder de Jehová.

Más razonable parece, por lo tanto, pensar que la obra va dirigida a unos pocos iniciados que, conociendo las claves de su interpretación, podrán saber anticipadamente lo que reserva el futuro, ello no sólo como fruto de los excepcionales dotes de Nostradamus, sino también como continuación de una gran tradición profética. Juan de Jerusalén, uno de los fundadores de la orden Templaria, cuyos escritos probablemente conoció Nostradamus, profetizó precisamente para nuestros días:

Cuando empiece el año mil
que sigue al año mil
regiones enteras serán botines de guerra.
...
Aquí habrá guerra entre tribus y allá entre creyentes.
Los judíos y los hijos de Alá no dejarán de enfrentarse
y la tierra de Cristo será su campo de batalla,
Pero los infieles querrán defender en todo el mundo
[la pureza de su fe
y entre ellos no habrá más que duda y poder,
entonces, la muerte avanzará por todo el mundo
como el estandarte de los tiempos nuevos.
...
Ocuparán regiones enteras y proliferarán
escucharán las prédices de la venganza
y se lanzarán al asalto de las torres orgullosas.
Habrá llegado el tiempo de las invasiones bárbaras.
...
Lorsque commencera l'an mille
Qui vient après l'an mille
Des contrées enti'eres seront la proie de la guerre.
...
Ici ce sera la guerre entre tribus et l'a entre croyants.
Les Juifs et les enfants d' Allah n'en finiront pas de
[s'opposer

Et la terre du Christ sera leur champ de bataille,
Mais les inf'edeles voudront partout défendre la pureté
[de leur foi
Et il n' y aura en face d'eux que doute et puissance,
Alors la mort s'avancera partout
Comme l'étendard des temps nouveaux [9].
...
Ils occuperont des contrées entières et proliféreront
ils écouteront les prédications de la vengeance
el ils se lanceront à l'assaut des tours orgueilleuses
le temps sera venu des invasions barbares.

[9] *Las profecías de los templarios*. Tikal, Girona, 1996, pág. 141.

LA TERCERA GUERRA MUNDIAL

Es indiscutible que el mundo ya no será igual después de los atentados terroristas del once de septiembre en Nueva York y Washington. Después de aquellos trágicos sucesos, el presidente Bush anunciaba el comienzo de *la primera guerra del siglo*, una guerra diferente, que puede durar muchos años y que será de alcance mundial contra un enemigo oculto y omnipresente. Este hecho, que marcará por muchos años la historia mundial, no podía haber pasado inadvertido para un profeta como Nostradamus, que predijo, al lado de muchos acontecimientos de la convulsionada política europea como las revoluciones inglesa y francesa, y el ascenso de Napoleón, muchos otros hechos y episodios de menor importancia.

En 1555 el vidente de Salon escribió en la *Centuria* VI cuarteta 97:

VI-97
Cinco y cuarenta grados el cielo arderá.
Fuego se aproxima a la gran ciudad nueva.
Al instante gran llama esparcida saltará
Cuando se quiera probar a los normandos.

Cinq & quarante degrez le ciel bruslera
Feu approcher de la grand cité neuve
Instant grand flamme esparce sautera
Quand on voudra des Normans faire preuve.

Atentado contra las torres gemelas de Nueva York, fotografía, 11 de septiembre de 2001.

Esta predicción es sufiecientemente clara: no cabe duda de que se trata de un ataque por vía aérea contra una ciudad de gran importancia de cuyo nombre se da como inequívoco indicio el adjetivo "nuevo". El fuego se iniciará por el aire: "el cielo arderá" por causa de algo que va acercándose paulatinamente ("se aproxima"), hasta producirce una gigantesca llamarada al momento de impacto ("al instante gran llama esparcida saltará") asombrosos elementos contenidos en la cinematográfica descripción de la citada cuarteta y que se corresponden con exactitud a lo ocurrido aquel trágico día.

Algunos intérpretes han planteado la duda con respecto a la identidad de "la gran ciudad nueva" con el argumento de que Nueva York se encuentra a 40,5 grados de latitud norte y no a 45 como se lee en la primera linea. Pero un cuidadoso examen del texto despeja esta duda pues en él no se habla de 45 grados, sino de "cinco y cuarenta grados", de lo cual se puede inferir que se discrimina entre los grados y sus fracciones (minutos), es decir 40 grados más 5 minutos de grado muy de acuerdo con el estilo críptico del vidente.

Algunos comentaristas –bastante miopes, hay que decirlo– objetan además que lo ocurrido no tiene que ver nada con los normandos a quienes se cita en la frase final. Pero desconocen que uno de los recursos literarios más usados es la *sinécdoque,* figura del lenguaje por medio de la cual el sentido propio de un término se extiende, como cuando se habla de árabes de quienes no lo son como los iraníes por ejemplo. En este contexto y de acuerdo con su etimología los normandos son los hombres del norte, es decir los anglosajones.

Hay razones para pensar que Nostradamus también predijo la guerra biológica que se ha iniciado, pues en la Centuria X-65 se habla de "el áspero por carta hará estragos muy horribles/ hierro puntiagudo metido en todos/ hasta la empuñadura" (*L'aspre par leerte fera si horrible coche/ fer poinctu mis'a tous iusques au manche)*, lo cual parece aludir a las esporas de ántrax que llegan por correspondencia ("por carta hará estragos muy horribles") y a las vacunas inyectadas que tendrán que aplicarse masivamente ("hierro puntiagudo metido en todos hasta la empuñadura"). Asimismo el carbunclo, o carbunco, la enfermedad que produce la temible bacteria, fue mencionado dos veces en la sextilla 27, en la que se lee: "Edad carbunclo y al final hambre" (*Aage Escarboucle, et 'a la fin famine*).

La guerra que sin duda ya se ha iniciado tiene connotaciones diferentes, no sólo porque se ataca indiscriminadamente blancos civiles, sino también por el uso de armas no convencionales; armas biológicas como el mencionado ántrax que, a pesar de todas las precauciones de las autoridades del mundo entero, podría expandirse rápidamente, al principio por medio del correo y luego por el empleo de otros medios como la contaminación de los alimentos y del agua o el aire. El empleo de estos medios no convencionales en la futura guerra es muy probable si se tiene en cuenta que, gracias a ellos, países con menor capacidad bélica como son los islámicos, pueden equilibrar el poderío de las sofisticadas armas de los occidentales.

A pesar de los esfuerzos diplomáticos de estos últimos para no convertir este conflicto en una guerra religiosa contra el islam, es claro que la estrategia fundamental de los enemigos de Estados Unidos y sus aliados, es precisamente la de darle esta connotación: una "guerra santa" (*jihad)* en contra de los infieles, los occidentales, a quienes los líderes religiosos musulmanes consideran portadores de una cultura degradada y materialista.

Es precisamente en nuestra época, en la que se avizoran estas temibles amenazas, cuando las profecías del más famoso vidente de todas las épocas cobran inusitada actualidad, tanta más cuanto que éste, desde el siglo XVI, ya preveía una espantosa guerra entre el islam y el Occidente. Al referirse a estos hechos el vidente, en al menos 110 de sus cuartetas alude al islam en términos tales como "bárbaros", árabes, libios, la Luna, ismaelitas, "los del viernes", "los de Oriente" o con nombres geográficos de países musulmanes tales como Persia (Irán), Babilonia (Irak), Egipto, Bizancio (Estambul y por extensión Turquía) o Carmania (Afganistán) Túnez o Fez (Marruecos), o con referencias históricas de los invasores norteafricanos (púnicos, Aníbal). Todas estas alusiones se hacen, precisamente, en el contexto de la gran conflagración anunciada por Nostradamus para nuestros días y no en el marco de hechos ya ocurridos como los que corresponden a la expansión otomana en el Mediterráneo y el este de Europa durante los siglos XVI, XVII y XVIII.

Hidra, *grabado, siglo* XVI. *En: Symbols, Signs & Signets, Dover Publ., 1969.*

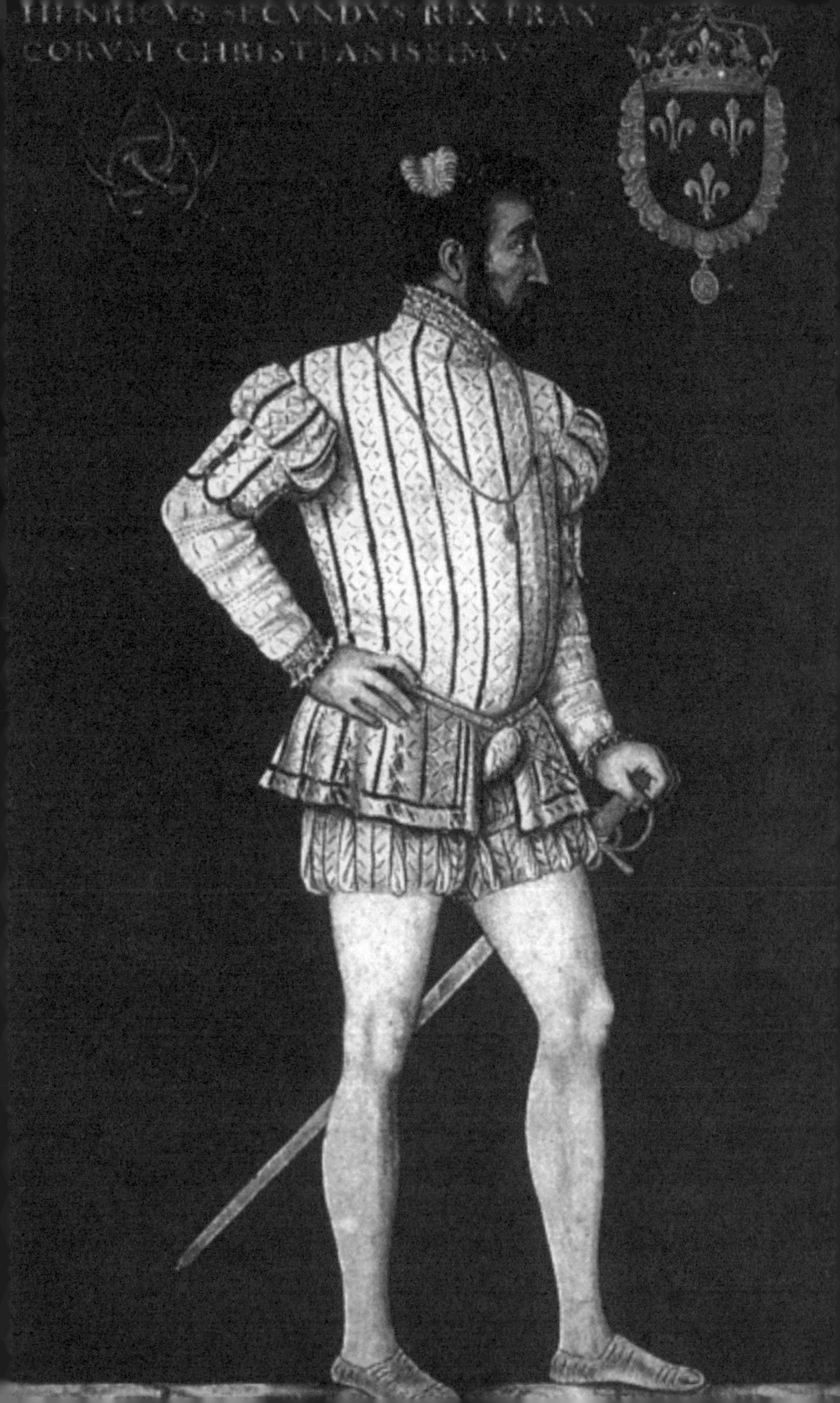
HENRICVS SECVNDVS REX FRAN
CORVM CHRISTIANISSIMVS

LA INTERPRETACIÓN DE LAS *CENTURIAS*

En su carta a su hijo César, el profeta dijo que su obra había sido escrita "en forma nebulosa", pero no porque no tuviese certeza sobre los hechos futuros que preveía, sino por el temor a las persecuciones de una turbulenta época en la que no existía verdadera libertad. Es en su propia época –recordémoslo– cuando fueron quemadas varias decenas de supuestas hechiceras en Toulouse, no muy lejos de las poblaciones en las que vivió Nostradamus. Por ello, y a pesar de ser él mismo un sincero católico, la acusación de hechicería realmente podría costarle la vida. Por ello procura disimular el verdadero sentido de sus previsiones aunque da ciertas pistas o indicios para su comprensión. Y es precisamente el desciframiento de tales pistas lo que constituye la ardua labor de interpretación que ha ocupado durante años a decenas de estudiosos.

La verdad es que son tan enigmáticos la mayoría de los textos de las famosas cuartetas, que es cierto que a la mayoría de ellas puede dárseles muy variadas interpretaciones, tan variadas que, de la obra de Nostradamus, muchos predican lo mismo que se ha dicho de la Biblia: "este es el libro en el que cada cual busca su opinión y cada cual encuentra lo que busca".

Pero si bien es cierto que la mayoría de los vaticinios admiten una gran variedad de posibilidades interpretativas, al tiempo que otros son francamente ininteligibles, existen otros que casi no admiten lugar a controversia,

El rey Enrique II de Francia, *óleo sobre lienzo, Museo Condé, Chantilly, Francia. En: Francis X. King y Stephen Skinner,* Nostradamus, *Círculo de Lectores, 1993.*

siendo, desde luego el más famoso de todos, el que anunció la terrible muerte del rey Enrique II de Francia en un torneo y cuyo exacto cumplimiento dio comienzo a la enorme fama del gran vidente, que se conserva intacta hasta hoy:

I-35
El joven león al viejo ha de vencer
en el campo de honor en duelo singular,
en jaula de oro le clavará,
dos clases, una: después morir, muerte cruel.

Le lyon jeune le vieux surmontera,
En champ bellique par singulier duelle,
Dans cage d'or les yeux lui crevera,
Deux classes, une: puis mourir, mort cruelle.

Esto había escrito Nostradamus y se había publicado en 1555. Esta profecía se cumplió al pie de la letra pues, en 1559, en los festejos del matrimonio de su hermana, el rey de Francia Enrique II invitó al joven conde de Montgomery a cruzar lanzas en un torneo amigable. En medio de la lucha, el conde, involuntariamente interesó con la punta de su lanza el visor del yelmo de oro del rey, atravesándole el ojo. A los siete días Enrique II moría en medio de grandes sufrimientos. Aun el más escéptico debería rendirse a esta evidencia bien documentada y plenamente demostrada.

La gran mayoría de los vaticinios carecen de la claridad del anterior. Pero aún en el caso de que el vidente no se hubiera propuesto oscurecer el sentido de sus presagios, no es sensato pretender que estos tengan la fidelidad y precisión de una crónica periodística, como pretenden algunos que ciertamente nada saben de los complejos procesos mentales que caracterizan cualquier percepción síquica. El hecho, bien conocido por los investigadores, es que la clarividencia del futuro, como la mayoría de los fenómenos paranormales, generalmente se presenta a la mente consciente en medio de confusas visiones, llenas de enigmáticas imágenes y extraños símbolos que para el propio vidente con frecuencia no son fáciles de entender y que él mismo debe interpretar con el peligro de deformarlos con sus propias apreciaciones, razonamientos y convicciones. Como en los sueños, la visión profética tiene por lo general una expresión simbólica que declara, y al mismo tiempo oculta unos hechos que la mayoría de las veces se niegan a aparecer de manera explícita.

La obra de Nostradamus, por lo tanto, tiene estas mismas características que se acentúan mucho más si se tiene en cuenta que en sus visiones el profeta debió contemplar muchas cosas desconocidas en su época, que debieron causarle notable perplejidad: aviones, submarinos, explosiones atómicas, tanques y toda clase de adelantos tecnológicos desconocidos del todo en el siglo XVI, sin mencionar instituciones y costumbres que debieron parecerle insólitas.

Y si a todo ello se une, además, el declarado propósito de disimular el sentido de sus vaticinios y su expresión mediante múltiples artificios literarios y estilísticos, plenos de referencias astrológicas, históricas, lingüísticas y probablemente herméticas, tendremos como resultante que en conjunto su obra sea realmente muy difícil de interpretar.

Sin embargo existen pistas que, aprovechadas mediante una paciente labor de *detectivismo profético*, arrojan insospechados resultados. Y esto puede hacerse si, como en cualquier investigación, se siguen determinados criterios para esclarecer algo que en principio se desconoce. Veamos algunas de aquellas pistas y de estos criterios:

1.- Las cuartetas no siguen un orden cronológico regular, sino que, luego de haberse escrito fueron deliberadamente mezcladas de tal manera que un acontecimiento que en una de ellas se prevé por ejemplo para el siglo XVIII como la Revolución francesa, puede estar seguida de otra cuarteta en la que se habla de la próxima guerra islam-Occidente; seguida, a su vez, por otra cuarteta sobre episodios de la propia época del vidente. Las claves temporales, por lo tanto, se dan fundamentalmente sólo por la simultaneidad de un notable acontecimiento como la aparición de un cometa y el hecho referido, o lo que es más frecuente, por medio de correlaciones astronómicas. Una posible secuencia, sólo puede establecerse en principio por la coherencia que la unidad temática permite establecer y así, siempre que se hable del Papa o pontífice por ejemplo, tenemos una valiosa pista para relacionar unos hechos con otros. Si se dice por ejemplo, que un papa debe abandonar a Roma y en otra cuarteta se refiere que un papa es puesto cautivo mientras navega, podemos pensar –aunque, desde luego, esto no es seguro– que se trata del mismo importante personaje y por tanto, los hechos asociados con tales cuartetas pueden relacionarse lógicamente.

2.- En lo que se refiere a las pistas astronómicas y astrológicas muy abundantes en las *Centurias*, debemos tener en cuenta que realmente es muy difícil establecer algo seguro en esta materia. En los diversos estudios que se han adelantado sobre la obra nostradámica no hay acuerdo en estos puntos, ni siquiera utilizando avanzados programas de computador. Fuera de ello, hay que tener en cuenta que el conocimiento de nuestro sistema planetario y el de la astronomía eran todavía muy imperfectos en la Baja Edad Media. No es razonable por tanto atribuir a Nostradamus conocimientos prácticamente infalibles como pretende, por ejemplo, D. Ovason, llevado de su exagerado entusiasmo por la obra del vidente. Si bien es cierto que no hay peor ciego que el que no quiere ver, también es cierto que el que a toda costa quiere ver, termina viendo lo que no es.

Alguien ha avanzado la hipótesis de que los datos astronómicos que el vidente revela en su obra, se deben no a precisos cálculos que ciertamente no podía hacer con los conocimientos disponibles en su época, sino a que también preveía las conjunciones y demás datos astronómicos tal como serían en el futuro. Sin embargo, este es un punto que tanto por su gran complejidad como por el desconocimiento del autor sobre estas materias, escapa a esta obra. En todo caso, las conjunciones astronómicas de que hablamos en general sólo sirven para fechar los acontecimientos, sin que parezca que agreguen o permitan precisar algo sobre cada profecía, por lo cual omitiremos cualquier comentario sobre ellas.

3.- Existen multitud de nombres geográficos que se citan algunas veces con los nombres actuales (París, Roma, Lyon, Marsella, Londres, Barcelona, Egipto, etc.), y otras con sus equivalentes antiguos bien conocidos (Bizancio por Estambul, Persia por Irán, Panonia por Hungría, etc.) y otras con veladas alusiones. Así, al hablar de Babilonia, por ejemplo, es claro que el vidente no hace referencia a la antigua ciudad que había desparecido muchos siglos antes de su época, sino al territorio que ocupaba la gran ciudad y su imperio, hoy día, Irak.

Un mismo país, es nombrado de diversas maneras y así por ejemplo a Italia se la designa a veces con ese nombre, pero otras con el más antiguo de *Ausonia.* Muy frecuentemente, además, todo un país es nombrado por una de sus ciudades, como cuando se dice que "Bizancio temblará", lo que alude no sólo a la moderna ciudad de Estambul, sino a toda Turquía, el Estado al que pertenece la famosa ciudad. Asimismo se emplean denominaciones equívocas como las *Hespérides* para hablar también de Italia o de España o del Occidente en general. Otras veces, los hechos que se atribuyen a alguien, se citan con el lugar de procedencia de quienes lo protagonizan o sus jefes: "Burdeos vejará a Narbona" (las tropas procedentes de dicha ciudad atacaran a la última) o por alguna característica geográfica: "los del polo" que, naturalmente, son los rusos y los norteamericanos.

Se emplea, además, el símbolo heráldico de ciertos países para referirse a ellos, como cuando se habla del "gallo" (Francia), del "águila" (Estados Unidos) o del "león" (los británicos), lo que no impide llamarlos por otros nombres, como los galos, los de la balanza (por el igualitarismo de los ideales políticos de los Estados Unidos), los de las islas (los británicos) o simplemente los ingleses. Esto es algo que debe tenerse muy presente a la hora de discernir del sentido de los textos proféticos: no siempre se emplean los mismos términos para referirse a las mismas cosas, países o personajes. Desconocer este punto es una de las fuentes más copiosas de errores e interpretaciones descabelladas.

4.- Se usan frecuentemente figuras del lenguaje como omitir una letra (*aféresis*) (matin en vez de mastín), acortar una palabra, como cuando escribe cap. en vez de capeto (*apócope*), o agregar una letra o sílaba en medio de una palabra: Calpre (en vez de Calpe); omitir una letra o sílaba al comienzo de una palabra, como bondance en vez de abondance (*aféresis*) y muchas otras variantes que es innecesario detallar y que se emplean tanto para encubrir el sentido verdadero de las estrofas como para darle otro sentido o incluso por necesidades de la versificación, pues no olvidemos que Nostradamus escribió su obra en versos, no tan buenos como pretenden sus devotos.

Nostradamus también inventa palabras nuevas, generalmente a partir del griego o del latín, o de otros idiomas europeos como el italiano, el inglés, español, provenzal o alemán. Una de las más notables es la palabra *Pempotan* (X-100) que se interpreta como una mezcla del griego "pan" todo y el latín "potents", que significa, por tanto, "todopoderoso" o "gran poder"; otro ejemplo es la palabra *sedifragues* (VI-94) que proviene de dos voces latinas, sedem y frangere o sea "romper un sitio". Otros ejemplos de palabras que no figuran en ningún diccionario como lo indica J. Ch. de Fontbrune que ha estudiado minuciosamente el vocabulario del vidente son *oruche* y *genest* que tienen el sentido de "excavar" y "nacer" respectivamente. Todo esto introduce, como es natural, gran incertidumbre pues muchas veces no se puede precisar con seguridad el origen y el sentido de la nueva palabra.

5.- Otro dolor de cabeza para la exégesis de la obra es la de su caprichosa sintaxis, es decir, la forma en que las frases se encuentran construidas. En muchas se suprimen las preposiciones indispensables y así el intérprete necesariamente debe decidirse por alguna de las muchas posibles versiones, cambiando sustancialmente el sentido de acuerdo con la preposición que se escoja. Creemos que no existe mejor regla que la de adoptar la interpretación que mejor se armonice con las demás cuartetas que tratan del mismo tema, siempre que ello sea posible; es decir, en esto, como en todo lo demás, tratar de contextualizar cada una de las estrofas. Lo mismo vale para aclarar el sentido de una determinada palabra.

6.- Si no se tiene en cuenta lo dicho, cuando se establece claramente a qué alude un determinado calificativo, nombre o descripción, lo más lógico sería deducir que siempre se seguirá empleando esta misma terminología y que no va a ser cambiada. Pero no ocurre así y por ello, cuando se habla por ejemplo de "la ciudad nueva", si admitimos que esta denominación se aplica a Nueva York en la cuarteta que hemos citado inicialmente, al referirnos al atentado terrorista del once de septiembre, en otras, tal denominación corresponde a una ciudad como Nápoles ya que así lo exigen tanto la etimología de dicho nombre ("neo", "nuevo", y "polis" "ciudad"), como el contexto.

Otro ejemplo, en este orden de ideas, es el de la alusión a "las islas", que para muchos corresponde tan solo a las islas británicas, pero que realmente se emplea también para referirse a las islas del mar Tirreno, Córcega, Cerdeña y Sicilia, Malta y posiblemente también las Baleares. Otro caso notable es el de la palabra *Aquilón,* que en forma simplista para muchos solamente significa Rusia, cuando la verdad es que, en muchas cuartetas, meter a los rusos en los episodios de que se trata no tiene ningún sentido y crea una confusión verdaderamente aterradora, que desaparece si en determinado verso simplemente se traduce *Aquilón,* como "Norte", que básicamente es lo que significa tal palabra.

También hay equívocos en lo que se refiere al nombre de los planetas, pues Marte significa a veces el planeta de ese nombre, pero otras veces significa la guerra y lo mismo ocurre con Venus y Saturno, nombres que también sirven para significar las energías o fuerzas que de acuerdo con la tradición corresponden a esos planetas.

Por lo tanto, solamente teniendo en cuenta el contenido y el contexto de cada cuarteta podremos precisar a qué alude una determinada denominación. Ciertamente es una trampa y no de las menores, creer en el sentido unívoco de los términos y expresiones de la obra nostradámica.

7.- Lo mismo ocurre, repetidamente, con los personajes que cita el vidente, siendo el caso más notable el del rey Enrique, al que por lo general nombra como *Chirén*, que es un anagrama de la palabra Henric, es decir una palabra nueva formada con las mismas letras pero en distinto orden. Por su parte al supremo jefe musulmán lo llama Selin, pero otras veces se alude a él como "el grande", lo cual no sería problema si fuera el único grande que se cita, pero hay más de veinte cuartetas que contienen esta expresión que realmente corresponde a varios personajes diferentes, a quienes se llama de la misma manera. También es notable el caso del gran guerrero y sucesor de *Chirén* en el trono, *Ogmios* que, a veces, es nombrado como Hércules, dando así la impresión de que son diversos individuos, lo cual no es cierto. Pero para saberlo, en este caso como en todos los demás, se requiere el uso cuidadoso del método contextual que propugnamos. Así, de varias interpretaciones posibles, debe aceptarse como más probable la que mejor armonice con otras cuartetas que, presumiblemente, tienen el mismo contenido temático.

8.- Por otra parte, las alusiones no siempre hacen la referencia al rasgo más destacado de una persona o la circunstancia más importante de su contexto, sino que frecuentemente se conforman a partir de hechos irrelevantes o no muy destacados o enteramente desconocidos. Este es uno de los mayores problemas que existen para la correcta identificación de un personaje determinado pues se dice, por ejemplo, que un jefe será de turbante blanco, y el hecho de que ben Laden use turbante de tal color evidentemente no significa que la cuarteta se refiera a él, pues son millones las personas que en el Oriente usan turbantes de ese color, lo que hace más bien irrelevante esta característica. A pesar de ello, sin embargo, puede ser útil, pues podemos saber con suficiente certeza que es un islámico. Nadie se imagina al presidente de Francia usando turbante blanco o de cualquier otro color.

9.- Otra fuente de interminables confusiones es el hecho de que no siempre, en la misma cuarteta, se hace referencia a un mismo hecho o personaje, sino que puede tratarse de situaciones contemporáneas pero que ocurren en diversos lugares o incluso no son exactamente coetáneas. Por tanto, las primeras líneas de una cuarteta pueden referirse a una cosa o persona determinada, en tanto que las demás tratan de algo diferente y ésta, como se ha dicho, es una de las trampas más sutiles que usa el vidente, pues, fácilmente, se hacen interpretaciones absurdas creyendo que todas las líneas de una misma cuarteta se refieren al mismo personaje o hecho. Y a veces, no sólo se trata de saltos en el espacio como cuando, hablando al principio de Italia, se concluye con hechos del Medio Oriente, con los cuales los primeros no tienen relación aparente, sino que también se hacen audaces vuelos en el tiempo; se habla así, en una misma cuarteta de las consecuencias, más o menos remotas, de lo que se dice o se presenta una visión panorámica de eventos de largo alcance, lo cual, desde luego, no siempre es fácil de dilucidar.

10.- Tal como ya lo hemos señalado, el criterio más importante y general que debemos tener para una adecuada exégesis es el de la *contextualización*, que significa –vale la pena repetirlo– que no deben considerarse las cuartetas en forma aislada, sino que en lo posible deben descubrirse los temas básicos y organizarse las profecías de acuerdo con ellos, de tal manera que en su interpretación se busque ante todo la armonización y coherencia entre ellas. Así, por ejemplo, varias cuartetas que se refieren a la ciudad de Roma hablan de diferentes eventos que en ella, o en sus cercanías, ocurrirán, sin que cada una por separado aporte suficiente claridad y perspectiva sobre lo que sucederá. Pero si las miramos en conjunto, tratando de establecer dicha unidad temática, vemos cómo un texto puede ser de gran ayuda para interpretar otro, surgiendo del conjunto una visión realmente coherente. Si se ha dicho que la ciudad Eterna será invadida por los albaneses, que habrá grandes persecuciones contra la Iglesia y sus sacerdotes; que la sede pontificia será trasladada y que un papa será puesto prisionero, es claro que, uniendo todos estos elementos, tendremos aceptable claridad sobre todo un cuadro de sucesos convergentes. Esto nos permite fijar no sólo nexos causales, sino, también, una cierta secuencia.

Ya hemos señalado que muy pocos intérpretes del gran vidente de Salon, han hecho uso de este método que, sin lugar a dudas, es el que más claridad promete aportar a la inteligencia de la obra nostradámica. La verdad es que incluso grandes eruditos como J. Ch. de Fontbrune, se limitan a tratar de aclarar uno por uno el sentido probable de cada cuarteta, con gran acopio de datos históricos, lingüísticos y literarios, pero sin ninguna visión de conjunto, lo cual da como resultado una casi ininteligible serie de predicciones tan incoherentes como confusas.

Naturalmente, no siempre es factible proceder de acuerdo con este criterio sin sufrir al mismo tiempo, grandes vacilaciones. Muchas veces no es seguro si los hechos ya ocurrieron, o corresponden al futuro, o si aluden realmente a los mismos sucesos o personajes, lo que naturalmente plantea arduas dificultades. Así, con frecuencia, es imposible saber de qué rey se está hablando, aunque en principio debe aceptarse que son reyes de Francia, pues a Nostradamus lo preocupa principalmente el destino de su patria. La misma incertidumbre surge con relación a gran multitud de episodios bélicos, pues es evidente que en el curso de la muchas veces centenaria historia europea, casi todos sus territorios se han visto asolados por innumerables guerras. ¿Cómo saber, por ejemplo, si cuando se alude a batallas en Italia, se trata de las guerras napoleónicas, de las luchas de los patriotas italianos contra los austriacos en el siglo XIX, de algún episodio de la segunda guerra mundial o de un evento que todavía pertenece al futuro? En tales casos la verdad es que, muchas veces, ni una rigurosa investigación histórica, permite despejar tantas dudas.

A pesar de lo anterior, y mediante una aplicación metódica y cuidadosa de los criterios expuestos, es realmente posible establecer un cierto orden temporal de los hechos, aunque no sea seguro que tal sucesión cronológica se dará exactamente de esta manera o que sea la única posible y ni siquiera que realmente sea la más factible. No obstante y como lo demostramos en esta obra, dicho método permite ordenar de una manera lógica muchos de los numerosos incidentes bélicos que se reseñan lacónicamente en las cuartetas, infiriendo un cierto orden cronológico. A partir de su comienzo en el Oriente, en efecto, se puede establecer razonablemente que el avance de las tropas musulmanas, y por tanto de la propia contienda, abarcará primero a Turquía y a Egipto para pasar luego a Grecia, Macedonia, Croacia y Hungría, siguiendo por el Adriático a Italia, hasta llegar a Roma, que será dominada por el invasor dando lugar a la huida del papa. Algo parecido podría decirse del ataque islámico al Occidente que se iniciaría casi al mismo tiempo en España, pasando luego a la costa meridional de Francia, y a las costas occidentales de Italia, a las islas del mar Tirreno, Córcega, Cerdeña, Sicilia y también a Malta. La contraofensiva y posterior derrota de los musulmanes tanto en Francia e Italia como en el Medio Oriente, surge también con una razonable conexión y orden temporal.

Ahora bien, cada unidad temática puede establecerse bien sea en torno a un personaje determinado como es el caso de Napoleón en el caso que nos ocupa, es decir el de las batallas y demás sucesos que se librarán en el curso de la tercera guerra mundial. Y si observamos atentamente la sucesión de los eventos así planteados, veremos que, sin lugar a dudas, surge un vasto cuadro, una visión de conjunto bastante clara y coherente de la guerra que se avecina entre el islam y el Occidente. Algo grandioso y terrible a la vez.

LA GUERRA ISLAM-OCCIDENTE

La confrontación que se anuncia entre el mundo cristiano y el islámico no es nueva. Al contrario, es una constante histórica desde el nacimiento, en el año 622 de nuestra era, de la religión musulmana y su rápida expansión por el Oriente Medio y el norte de África. Haremos un breve recuento de los más importantes episodios de este ya milenario antagonismo:

En el año 626 los árabes ocupan Persia, y conquistan Jerusalén y Antioquía y en 639 inician su conquista de Egipto.

En al año 711 el jefe árabe Tarik ibn Ziyab desembarcó en España iniciando, de este modo, la conquista de la península ibérica con la toma de Córdoba y Toledo. En 719 los invasores musulmanes cruzaron los Pirineos y se apoderaron de las ciudades de Narbona y Carcasona, saqueando Autun y tomando Toulouse, y sólo detuvieron su expansión en el año 732 con la derrota que el jefe franco Carlos Martel, les propinó en la histórica batalla de Poitiers, victoria que complementó el rey franco Pipino el Breve quien en 759 recuperó Narbona, y expulsó a los árabes del Languedoc.

Los sarracenos durante la Alta Edad Media no cesaron en sus ataques a todas las costas de lo que hoy es Italia y Francia; en 800 y 808 invaden las campiñas napolitana y romana, saqueando Córcega, Cerdeña, y Niza en 813, Marsella en 828 y Arlés en 826. En 842

Caballero de Bamberg, *escultura en piedra arenisca, Baviera, ca 1237. En:* El románico, *Könemann, 1996.*

tomaron las ciudades de Mesina y Tarento, ocupando Sicilia en los años 902 y 1091.

Algo similar ocurrió en el oriente europeo, pues desde el año 648 los islámicos pusieron sitio a Constantinopla, al tiempo que conquistan Chipre y Rodas en 649 y 654 respectivamente, y sólo fueron temporalmente detenidos por los grandes esfuerzos de los bizantinos.

La réplica del mundo cristiano al expansionismo árabe se inició formalmente en el año 1095 cuando el Concilio de Clermont ordenó la I Cruzada para recuperar los lugares santos, decretando la guerra contra los sarracenos. Tres años más tarde, en 1099, los cruzados tomaron Jerusalén en medio de una espantosa carnicería, y al año siguiente Balduino, hermano del jefe cristiano Godofredo de Bouillon, se convirtió en el primer rey cristiano de Jerusalén.

Estas expediciones militares contra los árabes fueron pródigas en toda clase de incidentes bélicos y se caracterizaron por la ferocidad de ambos bandos que, fanatizados, lucharon en nombre de sus respectivas creencias y en favor de sus intereses políticos y económicos.

En 1187 Saladino expulsó a los francos de Jerusalén, dando lugar a la III Cruzada de los cristianos de 1189 a 1192 que terminó en un completo fracaso. Luego vinieron la IV Cruzada de 1202 a 1204; en 1219 la Cruzada contra los sarracenos en Egipto, y en 1227-1229 la VI Cruzada del emperador de Alemania, Federico Guillermo Barbarroja.

En 1248, Luis IX, rey de Francia, inició la VII Cruzada, pero fue derrotado y hecho prisionero en 1250.

En 1270 se inició la VIII Cruzada. Y así, se podría seguir enumerando una serie casi interminable de confrontaciones entre el mundo cristiano y el islámico, con resultados variables, pues si en algunos momentos la suerte de las armas era favorable a los musulmanes, en otras, los cristianos reconquistaban los territorios y ciudades dominados por aquellos, y, si en alguna parte los musulmanes consolidan sus conquistas, en otra –dentro de este vasto escenario del Mediterráneo– son abatidos por los cristianos. Así, si en 1453 los turcos otomanos tomaban Constantinopla, en 1492 los moros eran expulsados definitivamente de la península ibérica por los Reyes Católicos, sin que estos dos grandes hitos de esta histórica confrontación pusieran punto final a una rivalidad que parece marcar, para siempre, el destino sangriento de la humanidad. Y si en 1521 Solimán el Magnífico tomó a Belgrado y en 1526 derrotó a Luis II de Hungría y puso fuego a Buda (Budapest), en 1571 las tropas españolas y venecianas de don Juan de Austria, derrotaban a los turcos en la famosa batalla de Lepanto.

Esta histórica batalla naval, sin embargo, no puso fin al expansionismo musulmán ya que los islámicos continuaron su avance durante los años siguientes conquistando la mayor parte de Europa oriental, o sea los territorios de Grecia y la mayor parte de los Balcanes, hasta alcanzar el corazón de Europa; en 1683 pusieron sitio a Viena que sólo pudo salvarse gracias a los ejércitos de Juan Sobieski, rey de Polonia, y de Carlos V, duque de Lorena.

La decadencia en que a partir de este momento entró el Imperio otomano, no fue impedimento para que continuaran los conflictos por diversas causas, y en lugares diferentes; en el curso de los años siguientes fueron múltiples las guerras con los rusos y los ingleses como ocurrió con la derrota de la flota turca en la batalla de Navarino en 1827, la ocupación de Egipto por los ingleses en 1882, la matanza de armenios cristianos por los turcos de 1894 a 1896, la ocupación de Irak por los ingleses en 1914, el enfrentamiento anglo-turco en el Canal de Suez, en 1915, y la nueva matanza de cerca de un millón de armenios por los turcos; la expedición franco-inglesa de 1916 en los Dardanelos, la toma de Jerusalén por los ingleses en 1917, la ocupación de los estrechos del Bósforo por las tropas franco-británicas, la conquista de Libia por los italianos en 1919, las guerras de franceses y españoles en Marruecos de 1921 a 1926, hasta llegar a la segunda guerra mundial, cuando los territorios del norte de África y del Medio Oriente sirvieron de teatro de operaciones de las batallas entre los Aliados y el Eje nazi-fascista.

Cuando Huntington publicó su famosa obra *El choque de civilizaciones* [10], muchos dijeron que sus planteamientos eran del todo exagerados, y que lo cierto era que íbamos en camino de una civilización planetaria en la que los valores occidentales, la separación de lo religioso de lo secular, el individualismo, la democracia y el libre mercado, serían aceptados por todos los pueblos y países que poco a poco, y en la medida en que fueran avanzando en su modernización, los adoptarían como propios.

Los hechos, sin embargo, parecen estar dando la razón a Huntington. Al inicio de este siglo los conflictos que parecían aislados y puramente localizados, toman dimensiones cada vez más generalizadas y claramente

[10] Samuel P. Huntington, *El choque de civilizaciones y la reconfiguración del orden mundial.* Paidós, Barcelona, 1997.

se perfila el enfrentamiento entre los valores y el modo de vida de los países occidentales, y ese vasto mundo en el que la religión ocupa el lugar esencial: el islam, mundo que va desde el África occidental hasta Indonesia, y desde el centro del África hasta China y Mongolia, con más de mil doscientos millones de fieles. Y es un hecho notable que esta gran cultura histórica, ha registrado en las últimas décadas un inusitado renacimiento que, una vez más, la convierte en uno de los protagonistas centrales de la Historia.

Es claro que, como lo advierte el citado autor, en el mundo que ha surgido después del desplome del comunismo, los mayores conflictos, los más peligrosos y radicales, son los que surgen entre pueblos de diferentes culturas, mucho más que los originados en diferencias puramente políticas o económicas, aunque todos estos factores se encuentran estrechamente enlazados, haciendo el antagonismo mucho más explosivo. Esto se evidencia en casos como el conflicto palestino en el cual, ciertamente, los factores políticos son decisivos, aunque llevan también envueltos fuertes componentes culturales que enfrentan al mundo occidental, principal apoyo de Israel, y a la población Palestina, de cultura musulmana. Y no sólo esto, sino que, dado el profundo resentimiento generado, involucra el sentimiento anti-occidental de millones de musulmanes de todo el mundo.

Es un hecho que los occidentales miran a todas las demás culturas como atrasadas y prontas a desaparecer, ante el arrollador avance de su cultura, a la que muchos consideran apresuradamente como intrínsecamente superior, teniendo en cuenta solamente su predominio científico-técnico, o sus instituciones jurídico-políticas. El caso del islam lo demuestra, ya que en las relaciones del Oeste con el mundo musulmán prevalece una actitud de imperialismo, no sólo político y económico, sino también cultural que se traduce en abiertas o veladas exigencias para la adopción indiscriminada de todo lo occidental. Silvio Berlusconi, primer ministro italiano, lo expresó claramente en estos términos: "Debemos estar seguros de la superioridad de nuestra civilización. El respeto que nosotros tenemos no existe en países islámicos y Occidente tiene el deber de occidentalizar nuevos pueblos". Pero esta mentalidad puede tener funestas consecuencias, como muchos distinguidos historiadores, sociólogos, antropólogos y filósofos lo avizoran, comoquiera que la historia humana no sólo es la historia de las civilizaciones, de su surgimiento, logros y decadencia, sino también de sus grandes conflictos. Así lo expresaron, entre otros, Weber, Durkheim y Spengler y más recientemente Toynbee y Sorokin, por citar sólo algunos de los más conocidos pensadores. La respuesta de los islámicos, es decir, las tendencias radicales surgidas del fundamentalismo, constituyen –qué duda cabe– un semillero de interminables convulsiones para el futuro inmediato.

Ahora bien, si es verdad que la raza, la lengua y la forma de vida crean grandes barreras entre los pueblos, las creencias religiosas parecen ser el más importante factor y el que históricamente ha generado los más duraderos y feroces conflictos. Tal fue el caso de las Cruzadas y de las guerras religiosas de Europa, por ejemplo, o modernamente las luchas civiles en Irlanda y el Líbano. Por ello no es exagerado decir, con Pascal, que "nunca el hombre mata con más entusiasmo que cuando lo hace en nombre de una religión".

Estos antagonismos se hacen más intensos en la medida en que cada cultura, según se ha dicho, se considera superior a todas las demás. Los occidentales en efecto, consideran a las demás culturas como vestigios de un pasado supersticioso e ignorante y, en particular, ven en el islam la supervivencia del más primitivo fanatismo, generando así lo que Toynbee llamaba *ilusión egocéntrica*. A su turno, los musulmanes consideran a los occidentales como materialistas, ateos y degenerados, siendo cada perspectiva parcialmente válida, si hemos de ver las cosas con alguna objetividad.

Y aunque nos parezca extraño a nosotros, que vivimos hablando de tolerancia y pluralismo, el hecho es que la actitud occidental ha sido realmente arrogante respecto de las demás culturas y, en particular, cuando se trata del islam, al que se considera solamente como la religión de primitivos pueblos pastoriles. Esto demuestra, desde luego, una enorme ignorancia histórica pues, como lo sabe cualquier historiador, en sus albores la cultura árabe fue mucho más avanzada que la de la Alta Edad Media europea. Cuando Londres era una aldea, Córdoba tenía grandes bibliotecas y notables obras arquitectónicas, jardines y acueductos. Fueron los árabes, además, quienes conservaron muchos de los grandes tesoros culturales de la Antigüedad, y valiosos conocimientos de medicina, matemáticas, filosofía y astronomía.

Para el Occidente, sus creencias e instituciones tienen valor universal, pues constituyen el máximo logro de la civilización humana y por ello, tarde o temprano, todos los pueblos del mundo están llamados a acoger tales creencias, instituciones y valores. La separación entre lo religioso y lo estatal, el pluralismo, las libertades públicas, el libre mercado, los derechos individuales, en fin, todo lo que Occidente desarrolló a partir del siglo XVI, se considera como el modelo insuperable que todos los países de la Tierra deben seguir, si quieren salir de su atraso. Pero, no es fácil, sin embargo, que todos los pueblos islámicos lleguen a pensar de la misma manera, abandonando unas creencias no sólo profundamente arraigadas, sino indispensables para mantener su independencia e identidad.

La occidentalización del mundo islámico ha sido un punto de inflexión de la historia universal, hasta el punto de que se ha constituido en el semillero de las guerras planetarias del futuro. Para muchas élites dirigentes de los países musulmanes, la adopción de las ideas e instituciones occidentales era, ciertamente, el requisito indispensable para su modernización, y tal fue el núcleo de la política que Mustafá Kemal Ataturk impuso en la Turquía de la primera posguerra mundial. En seguimiento de una drástica política de occidentalización, Ataturk prohibió muchas de las instituciones y tradiciones de su pueblo, como los seminarios islámicos, el uso del *shador* de las mujeres y la enseñanza obligatoria del Corán, con lo cual esperaba guiar a su país por la senda de la modernización forzada. Esto ha generado no pocas tensiones y conflictos, pues en Turquía, como bien se ha dicho, la modernidad entró "tumbando la puerta".

En muchos países islámicos, esta tensión entre lo occidental, que muchos confunden con lo moderno, y las propias tradiciones, ha sido el elemento más dinámico de sus conflictos internos, y ha generado profundos sentimientos de hostilidad y resentimiento contra los dirigentes pro-occidentales, y también una gran necesidad de afianzar la propia identidad que la irrupción de lo extranjero amenaza destruir. La occidentalización parece ir en contravía de valores y costumbres que marcan la identidad cultural de los pueblos islámicos, en asuntos tales como los derechos de las mujeres, las leyes sobre la herencia y los intereses (que el Corán prohíbe), por no hablar del ayuno y la poligamia.

Los antagonismos se acentúan, además, al tener los occidentales un control casi completo sobre los principales factores de poder económico, tecnológico y político a escala mundial y al ejercer su hegemonía sobre el resto del mundo exclusivamente de acuerdo con sus propios intereses, originando con ello un fuerte malestar que se expresa con particular virulencia en el mundo islámico.

Osama bin Laden, el más seguro responsable de los trágicos hechos del once de septiembre, había expresado su repudio a la política norteamericana de mantener tropas en Arabia Saudita, en estos categóricos términos: "Durante siete años, Estados Unidos ha estado ocupando las tierras del islam en el lugar más sagrado de todos, la península arábiga, expoliando sus riquezas, dando órdenes a sus gobernantes, humillando a su pueblo, aterrorizando sus vecinos y convirtiendo sus bases en la península en una punta de lanza para combatir a los pueblos musulmanes vecinos". Y concluía con esta amenazante exhortación: "los buenos musulmanes deben luchar y matar a los civiles y soldados norteamericanos toda vez que puedan, según las palabras de Dios todopoderoso"[11].

Este ambiente de rechazo a la política occidental, se ha visto afianzado por la necesidad de autoafirmar la propia identidad que encuentra su más firme apoyo en las propias tradiciones religiosas. Por ello el islam se ha convertido, en todos los países de mayoría musulmana, en el núcleo de su propia cultura. En los países del Asia Cen-

[11] Landau Elaine, *Osama bin Laden, el terrorismo del siglo XXI*. Editorial Planeta, Bogotá, octubre 2001, p. 113.

tral, antes del derrumbe del comunismo, sólo existían 160 mezquitas y un solo seminario o universidad islámica *(medressh)*, y a escasos cuatro años, es decir, a principios de 1993, ya existían en tales países unas 10 000 mezquitas y 10 seminarios, hecho que se explica no sólo por el estímulo de otros países musulmanes, como Irán, Arabia Saudita y Pakistán, sino principalmente por el fuerte arraigo de la tradición religiosa entre la población centroasiática.

Para estudiosos como Huntington, la causa fundamental de este fenómeno es que, precisamente por causa de la modernización y la quiebra de los sistemas tradicionales, se hace indispensable el surgimiento de nuevos elementos de cohesión, identidad, autoafirmación y estabilidad que aporten la sensación de sentido y finalidad que la religión proporciona. Como dice Hassan Al-Turabi, líder espiritual del Sudán y protector de bin Laden, la religión ofrece a la gente "un sentimiento de identidad y una dirección en la vida", lo cual permite, ante todo, crear una clara distinción no sólo entre creyentes y no creyentes, sino entre buenos e impíos; "sólo sabremos quiénes somos cuando nos distingamos de otros, y cuando sepamos con claridad contra quién estamos". Por ello, los musulmanes encuentran sus valores y lealtades fundamentales en la comunidad religiosa, que es lo auténticamente propio, mucho más que en la raza o en su mismo país. La *reislamización* –explica Huntington– es sobre todo, "un modo de reconstruir una identidad en un mundo que ha perdido su significado y se ha convertido en amorfo y alienante"[12].

El islam significa, además, una vigorosa reacción contra el laicismo, el relativismo moral, la anarquía y las cos-

[12] *Op.cit.*, pág. 115.

tumbres disolutas del mundo occidental; ello conlleva la reafirmación de los valores tradicionales de la religión, la moral auténtica, la solidaridad y el orden social, sin que nada de ello impida el desarrollo social, pues para ideólogos como Al-Turabi la religión también puede llegar a convertirse en motor del desarrollo, y un islam purificado, puede llegar a desempeñar un papel parecido al de la ética protestante en la historia de Occidente.

Para muchos fundamentalistas, por lo tanto, la religión musulmana no es incompatible con el desarrollo de un Estado moderno, y el hecho es que tales corrientes radicales han sido fuertes en sociedades islámicas relativamente avanzadas como las de Argelia, Irán, Egipto, Líbano y Túnez, en las cuales muchos de los líderes integristas son profesionales universitarios, maestros, oficiales y funcionarios con buen nivel educativo. Casos como el de los talibanes de Afganistán, con su proyecto de sociedad primitiva, parecen ser más bien una excepción. De hecho, los terroristas que hoy inquietan al mundo entero, incluidos los países musulmanes pro-occidentales, utilizan las más modernas y sofisticadas tecnologías, tales como comunicaciones satelitales y electrónicas y, además, son expertos en el uso de toda clase de armas y explosivos, y todo indica que poseen y manipulan armas químicas, biológicas y quizá también nucleares.

Todo esto pone de presente, que las raíces de la confrontación entre Occidente y el mundo islámico son muy profundas y tienen un fuerte sustento, no sólo en la historia y en antiguos conflictos políticos y económicos, sino también en la cultura, vale decir, en los valores, creencias y mentalidad de pueblos que, a pesar de la universalización propia del mundo moderno, permanecen muy diferentes y en muchos aspectos antagónicos.

Y tales conflictos, se refuerzan aún más, con la hostilidad que se origina en esta diversidad cultural que deviene en incompatibilidad.

Giovanni Sartori, habla de los que llama *enemigos culturales*, refiriéndose a la xenofobia que hoy invade a Europa. Y enfatiza que tal antipatía es mucho más acentuada en contra de los islámicos, porque su cultura es mucho más incompatible que las demás, con la occidental. Las culturas del Extremo Oriente, en realidad, y a pesar de ser tan diferentes, no generan hostilidad pues de alguna manera son "laicas", es decir, más bien extrañas al fanatismo y la militancia. La cultura musulmana, en cambio, es esencialmente teocrática y no concibe una verdadera separación entre la religión y la política, ni reconoce los derechos de la persona como universales, individuales e inviolables. Y estas dos concepciones son, sin duda ninguna, las básicas de la cultura occidental. En el fondo, los islámicos ven a todos los occidentales como "infieles" y esto revierte duramente en su contra, a pesar de que el Occidente pregona la tolerancia y el respeto por las diferencias culturales.

Casi es innecesario recalcar, que este fundamental antagonismo y la mutua hostilidad, se han visto inmensamente acentuados en todo el mundo después del espeluznante ataque terrorista contra los Estados Unidos. Para fundamentalistas como bin Laden, es imposible pensar siquiera en una coexistencia pacífica entre los occidentales y los musulmanes porque, principalmente los Estados Unidos, su política, sus intereses y su modo de vida, son los principales enemigos de su fe y como respuesta legítima sólo puede darse la guerra santa o *yihad*. El ayatollah Muhammed Baqir al Sadr, un destacado pensador islámico, lo expresó de este modo: "El mundo, tal como lo conocemos hoy, es como otros lo hicieron. Tenemos dos alternativas: aceptarlo con sumisión, lo que significa dejar que el islam muera, o destruirlo, de modo que podamos construir el mundo como lo exige el islam"[13].

Como suprema expresión de esta política, Irán, en unión con otros gobiernos fundamentalistas islámicos, puede ser una amenaza seria para Occidente, y en particular para Europa. Es una gran potencia militar que gasta sumas enormes en armamentos, en proporciones muy superiores a sus verdaderos requerimientos de defensa. Se sabe, además, que Irán, con el apoyo de China, viene trabajando en desarrollar armas atómicas, y allí han encontrado buenas oportunidades de trabajo varios científicos nucleares de la antigua Unión Soviética. Todo indica, además, que Irán puede destruir a Israel en pocas horas, mediante un ataque masivo efectuado sorpresivamente. Fuera de ello, es bien sabido que el gobierno fundamentalista iraní apoya a grupos terroristas radicales que pretenden derrocar a gobiernos moderados o pro-occidentales en todo el mundo islámico, además de brindar un decidido respaldo a grupos terroristas como *Hezbollah* y *Hamas*, entre otros, cuyo objetivo declarado es la destrucción de Israel. No debe olvidarse que, para derrotar solamente a Irak en la Guerra del Golfo, debieron utilizarse ingentes recursos que demandaron, solamente a los Estados Unidos, el empleo del 75 % de sus aviones tácticos, el 42% de sus carros de combate y el 46% de su personal de marina. Es un hecho que Occidente, ahora, no tiene el mismo monopolio militar de antes y, cada vez, existen más riesgos de que varios países no occidentales, potencialmente hostiles, lleguen a desarrollar armamento atómico. Por todo ello no es exagerado

[13] *Op. cit.*, pág. 17.

decir, como lo hizo la OTAN en 1995, que el armamentismo islámico, es la mayor amenaza que existe para Europa después de la caída del comunismo.

En este turbulento escenario, la confrontación parece, ciertamente, muy posible y por ello Abdul Qadir as Sufi ad-Darqawi, a quien se considera uno de los principales teóricos del pensamiento radical islámico dice: "Estamos en guerra, y nuestra batalla no ha hecho más que comenzar... El islam se mueve a través del mundo. Nada puede impedir su expansión por Europa y América".

W. Paxton, La boca del infierno de la cual sale la muerte cabalgando, *grabado, Londres, 1507. En: Hans Biedermann,* Diccionario de símbolos, *Ediciones Paidós, 1993.*

LA LLEGADA DEL *MAHDI*

El pensamiento radical, expresado por muchos líderes musulmanes, coincide con antiguas profecías y con la fe de varias sectas que, como la chiita, esperan el advenimiento de un gran jefe espiritual que derrotará a los enemigos del islam. "Os pongo en guardia contra las guerras del porvenir –decía en el siglo VII, Alí ibn Abi Talib, primer imán, primo y sucesor de Mahoma–, no tenéis ni idea del espantoso desastre que causarán. El imán que cree el estado mundial hará pagar a los países dominantes sus crímenes contra la humanidad... Extraerá del vientre de la Tierra la riqueza escondida y la distribuirá equitativamente entre los necesitados e indigentes". Pero es el propio Mahoma quien, en el Corán, anuncia la llegada de este gran líder: "Después de la aparición de reyes y príncipes tiránicos e injustos, nacerá un hombre de mi progenie que impondrá la justicia". Este gran jefe, que la tradición llama *el Mahdi*, el duodécimo y último de los imanes conducirá a la metamorfosis espiritual a todos los creyentes, descubriendo los más profundos secretos divinos ocultos en la letra de la revelación transmitida por Mahoma. Así, pondrá fin a la ignorancia, la mentira y la injusticia que hasta entonces han imperado.

¿Cuándo aparecerá ante el mundo *el Mahdi*? Las distintas tradiciones islámicas divergen en este punto, pero la mayor parte de ellas sostienen que el momento exac-

Alberto Durero, Los cuatro jinetes del Apocalipsis, *grabado, siglo XVI. En:* The complete woodcuts of Albrecht Dürer, *Dover Publ., Nueva York, 1963.*

to sólo Dios lo sabe. Empero, tales tradiciones insisten en que hay que prestar atención a las señales que anuncian su llegada, la principal de las cuales es ciertamente, el predominio de gobernantes tiránicos e injustos que oprimen a los creyentes, es decir, a los verdaderos musulmanes. En tales creencias se afianza, sin duda, la inquebrantable fe de los líderes islámicos de que su causa terminará triunfando sobre los enemigos occidentales, a quienes consideran en algunos casos con algunas buenas razones, como injustos opresores del islam.

El término *Mahdi* literalmente significa "el guiado", con lo que se quiere expresar que es directamente inspirado por Alá, es decir, por el mismo Dios, quien lo protegerá contra cualquier error o pecado. Por ello, todo lo que haga, sin excepción alguna, será de acuerdo con la voluntad divina. Y no sólo será el legítimo intérprete de la palabra y la voluntad de Dios, sino que, según lo creen los chiitas, será también un jefe político y un gran conquistador militar, el más grande de toda la historia, pues unificará todo el islam bajo una misma autoridad religiosa y política a la vez.

El *Mahdi*, impondrá su poder a todo el resto del mundo y, por ello, puede decirse que en el pensamiento del fundamentalismo (especialmente el de inspiración iraní), existe la ambición del dominio mundial. Todo el orbe será dominado por un solo estado islámico mundial bajo la dirección absoluta del *Mahdi*, es decir del mismo Dios a través de su enviado.

Las principales tradiciones afirman que El *Mahdi* será descendiente del propio Mahoma, el fundador del islam, y que se llamará del mismo modo, al igual que su padre, y tendrá en su cuerpo un distintivo especial ("la marca del profeta"), que ciertas creencias precisan como cierto lunar en el pecho o en la espalda. El más grande líder político-espiritual musulmán, aparecerá justo en una época de grandes disensiones en la que la fe se ha perdido por el predominio de los infieles y de sus ideas materialistas. Su misión, naturalmente, será restaurar la verdadera fe en toda su pureza. Ni que decir tiene que para los líderes musulmanes, el mundo occidental ostenta con total evidencia estas características: opresor de los creyentes, ateo y enemigo de la verdadera religión. Por eso para ellos, toda violencia en su contra es legítima y la aparición del *Mahdi* les parece inminente.

Las más antiguas tradiciones hablan, además, del *Mahdi* como alguien que procede "del Este", más allá del río Oxus que se conoce hoy como el Amu Darya y que fluye hacia el noroeste del mar de Aral, formando la frontera entre Turkmenistán en el oeste y Uzbekistán en el este. Otros países musulmanes, cercanos a dicho río, son Kirguizistán, Tadzhikistán y Kazajstán, antiguas repúblicas soviéticas en las que el islamismo ha cobrado en nuestros días una inesperada fuerza, como ya se ha dicho. En las cercanías existen otras regiones que tienen, también, gran influencia islámicaeal sudoeste de Rusia, el noroeste de China e incluso parte de Mongolia, lugares todos ellos que pueden ser el origen del conquistador musulmán, como lo fueron en otra época de Gengis Kan y Tamerlán, terribles guerreros que asolaron grandes zonas del oeste.

LA GUERRA PREVISTA POR NOSTRADAMUS

Ya hemos señalado que las profecías del gran vidente de Salon fueron intencionalmente veladas con el empleo de una gran cantidad de artificios lingüísticos, inescrutables metáforas y herméticas alusiones. Y como si lo anterior fuera poco, según se ha mencionado, otro de los artificios empleados por Nostradamus es el de haber publicado en desorden sus cuartetas, de tal manera que en cada *Centuria* se alude a hechos muy diferentes que pueden estar muy separados en el tiempo, lo que dificulta aún más, si cabe, la ardua tarea de comprender su sentido.

Lo anterior, no obstante, no impide que un examen atento de todas las cuartetas, vistas en su conjunto, y de acuerdo con el método contextual que hemos mencionado, permita sacar unas conclusiones bien claras y determinadas, que son las siguientes:

Un gran número de cuartetas alude a una espantosa y prolongada guerra que se librará entre los países de lo que hoy llamamos Occidente y "los árabes" o "bárbaros". De esto no cabe la más mínima duda, toda vez que en decenas de presagios se habla de lucha, sitio, combates, batallas, asedios, saqueos, rendición, prisioneros, pestilencias y enormes cantidades de muertos o cadáveres. Y se trata, de hecho, de guerra entre los citados contendores, pues tampoco cabe la más mínima duda de que, como se ha dicho, los protagonistas de esta

El doctor Fausto y Mefistófeles, *del* Doctor Fausto *de Christopher Marlowe, grabado, 1631. En: Ernst Lehner,* Symbols, Signs & Signets, *Dover Publ., 1969.*

gran conflagración serán los países de la Europa occidental, por una parte, y los del islam, por la otra. Expresamente habla Nostradamus de los "bárbaros", "árabes", "los de Mahoma", "los ismaelitas", "los del viernes", "moros", "el grande de Asia", "Aníbal", etc., como contrincantes de España, Italia y especialmente de Francia; país al que, como es natural, dedica especial atención, pues ya sabemos que Nostradamus tenía un fuerte sentimiento patriótico. Se alude, además, con sus nombres propios o con nombres antiguos a varios países musulmanes como protagonistas principales de los hechos de guerra: Persia (Irán), Libia, Carmania (Afganistán), Arabia, Mesopotamia y Babilonia (Irak), Siria, Palestina, Bizancio (Estambul y por extensión Turquía), Egipto, Túnez y Fez (Marruecos). Es el propio Nostradamus quien nos confirma en esta apreciación, pues en su carta a su hijo César, expresamente habló de "la conflagración mundial que debe aportar tantos bombardeos y tan fuertes revoluciones, que no existirá país que no sea alcanzado por los trastornos, y ello durará hasta que todo haya muerto salvo la historia y los lugares...".

Tampoco queda ninguna duda de que el teatro de los grandes combates será Turquía, al igual que Grecia y Egipto, los Balcanes, Hungría e Italia y todo el centro de Europa y por el oeste, España, los Pirineos y, por supuesto, Francia. Habrá, además, grandes combates navales en el Adriático, el mar Tirreno y en las costas italianas y, en la etapa final de la guerra, las acciones militares se cumplirán en Irak, Armenia y el propio Irán.

Con estas bases bien establecidas, podemos dar un primer paso en firme para determinar una secuencia muy general de los sucesos que habrán de desarrollarse en esta feroz guerra que, dada su intensidad y alcance, bien puede llamarse *la tercera guerra mundial.*

Lo que importa, en primer lugar, es establecer a grandes rasgos, cuál será el desarrollo más general de los principales hechos bélicos y, para este efecto, las previsiones de Nostradamus son relativamente claras y expresas. Los demás episodios –y son muchos– serán ininteligibles si no los situamos en el panorama de esta gran conflagración.

Dado el gran número de hechos de guerra a que se hace alusión, es evidente que esta gran confrontación fue uno de los acontecimientos que el vidente previó con más claridad y en forma más detallada. Y no es para menos, pues se trata de un hecho de tan espantosas connotaciones que no era explicable que un extraordinario vidente como Nostradamus, dejara de advertirlo, siendo así que anticipó con exactitud cosas mucho menos importantes de la historia europea, e incluso episodios del todo irrelevantes.

COMIENZO DE LA GUERRA

Todo indica que la conflagración empezará por un ataque de fuerzas iraníes, posiblemente en alianza con Irak en contra de Turquía, lo que, ciertamente, encaja perfectamente con los hechos que conocemos, pues como se sabe Turquía es el más occidentalizado de los estados islámicos, y mantiene estrechos lazos económicos y militares con los países de Occidente, en particular con los Estados Unidos, que tiene algunas bases en su territorio. Turquía es, además, miembro de la OTAN, la Alianza militar de los norteamericanos y europeos.

La *Centuria* V en su cuarteta 27 lo dice con toda claridad:

V-27
Por fuego y armas, no lejos del mar Negro
vendrá de Persia para ocupar Trebizonda.
Fato y Methelin temblarán, Sol alegre,
el mar de Adria se cubrirá de sangre árabe.

Par feu & armes non loing de la marnegro
Viendrá de Perse occuper Trebisondre:
Trembler Phato, Methelin, Sol alegro
De sang Árabe d' Adrie couvert onde.

Trebizonda es un puerto turco en el mar Negro, que es donde, según la profecía, se iniciará la contienda.

Anticristo: incunable "Des Entkrist Leben", *Estrasburgo, 1480. En: Hans Biedermann,* Diccionario de símbolos, *Ediciones Paidós, 1993.*

Esta ciudad está cerca de Armenia y actualmente se llama Trabzon y fue importante en la Edad Media al ser la capital de un Estado fundado por el emperador bizantino Alejo Comneno. Fato es un brazo del río Nilo llamado Fatmético y Methelin es la antigua Mitilene, ciudad de la isla griega del mismo nombre, antiguamente Lesbos. Estas referencias geográficas aluden por tanto a Turquía, Egipto y Grecia, países que serán atacados por el enemigo procedente de Persia, hecho que ocurrirá en verano ("Sol alegre"); al hablar de Adria, el vidente se refiere indudablemente al mar Adriático situado entre los Balcanes y la península itálica, del cual dice la cuarteta que "se cubrirá de sangre árabe", frase equívoca que no alude a una derrota marítima de los musulmanes, como lo han interpretado algunos de los estudiosos de las profecías, sino que, más de acuerdo con el contexto y contenido de la cuarteta, y también con la cronología en ella implícita, significa que un gran número de navíos islámicos, surcarán las aguas de dicho mar al comenzar la gran invasión. Como más adelante se verá, los franceses y sus aliados sufrirán allí una gran derrota al fracasar en su intento de contener el avance musulmán sobre Italia.

En resumen, estos versos son muy esclarecedores e importantes porque indican, sin lugar a dudas, cuáles serán las primeras operaciones de la tercera guerra mundial en las que los islámicos tomarán la iniciativa atacando, casi simultáneamente, a Turquía ("vendrá de Persia para ocupar Trebizonda"), Egipto (Fato, brazo del Nilo), las islas griegas (Mitilene) y por mar, sobre el Adriático. Debe observarse que Nostradamus no tiene mucha precisión ni al denominar lugares ni fuerzas contendientes, pues como ocurre en varias estrofas habla de "árabes" para nombrar a los persas o mahometanos en general y, como es bien sabido, tal nombre corresponde propiamente a una denominación étnica de los pueblos de la península arábiga; en tal sentido ni los iraníes, ni los libios, ni los afganos son árabes, sino que todos ellos son islámicos o musulmanes, denominaciones genéricas mucho más apropiadas. Esto, sin embargo, no desvirtúa en ninguna forma el sentido claro de la profecía, que es complementada por III-64:

III-64
El jefe de Persia llenará grandes bajeles
una flota trirreme contra gente mahometana,
de Partia y Media vendrá a saquear las Cícladas,
largo tiempo estará en el gran puerto jónico.

Le chef de Perse remplira grande Olchade,
Classe Trirème contre gent Mahometique,
De Parthe & Mede, & piller les Cyclades,
Repos long temps au grand port Ionique.

Aunque a primera vista estos versos podrían referirse a alguna campaña bélica islámica del pasado, ya que se habla de "trirremes", creemos que otros de los elementos contenidos en las estrofas, permiten aclarar que se trata de hechos aún no sucedidos. En primer lugar, debe tenerse en cuenta que Nostradamus no tiene inconveniente en designar las cosas por los nombres corrientes de su época o indistintamente por los de épocas pasadas y por ello los "trirremes" a que alude no indican que se trata necesariamente de naves de los siglos anteriores a su propia época, sino que alude a naves de guerra de gran calado, aunque no tengan varias hileras de remos. Ahora bien, esta interpretación se refuerza si consideramos que los hechos contenidos en esta cuarteta realmente no han ocurrido después de haber sido nombrados por el vidente en el siglo XVI, pues se dice que el jefe de Persia (hoy Irán), después de llenar grandes bajeles, los dirigirá contra gente musulmana, es decir, contra los turcos aliados de los occidentales y vendrá de Partia y Media, nombres de antiguos territorios que formaron el gran Imperio persa en la Antigüedad. Estos hechos no han sucedido en el pasado y lo que ha ocurrido ha sido precisamente todo lo contrario, ya que en los siglos XVI, XVII y XVIII fueron los turcos otomanos quienes atacaron a los persas.

Puede parecer extraño que Irán, debido a su posición geográfica, pueda movilizar una gran flota de guerra hasta el Mediterráneo. No obstante, no es tan difícil, si tenemos en cuenta que Egipto –también un gran aliado de Occidente– será uno de los objetivos iniciales del ataque iraní y, a través del Canal de Suez, la armada iraní puede llegar fácilmente hasta el Mediterráneo desde sus bases en el Golfo Pérsico, una vez derrotados los egipcios, como se prevé en otra cuarteta que más adelante reseñaremos. La cuarteta finaliza explicando que después del saqueo de las islas Cícladas, el invasor persa permanecerá en reposo en el gran puerto jónico, que puede ser el de Rodas, célebre en la Antigüedad por la colosal estatua de Apolo, situada a la entrada del puerto.

Los invasores iraníes, tal como lo hicieron en la Antigüedad el Imperio persa y en el siglo XVI los otomanos, atacan a Rodas, importante isla del Mediterráneo oriental:

IV-39
Los rodianos pedirán socorro,
por la negligencia de sus amigos abandonada,
el imperio árabe reemprenderá su curso,
por Hesperia la causa enderezada.

Les Rhodiens demanderont secours,
Par le neglet de ses hoyrs delaissee,
L'empire arabe revalera son cours
Par Hesperies la cause redresse.

La línea final parece indicar que, a pesar de no haber sido protegida oportunamente, al fin llegarán refuerzos a la isla procedentes de Hesperia, nombre que los antiguos griegos daban a Italia. Pero la isla caerá finalmente en poder de los invasores, al igual que toda Grecia y la gran ciudad de Bizancio (Estambul) en la Turquía europea.

En V-25 se continúa hablando de estos hechos, aludiendo al "príncipe árabe" (a quien posiblemente se querrá identificar por sus fanáticos seguidores como el *Mahdi* de la tradición islámica) que, con cerca de un millón de hombres, atacará a Estambul (la antigua Bizancio) como también, según ya se dijo, a Egipto:

V-25
El príncipe árabe, Marte, Sol, Venus, León,
el reino de la Iglesia sucumbirá por mar:
Hacia Persia cerca de un millón,
Bizancio, Egipto, *ver serp* Invadirán

Le prince Árabe Mars, Sol, Venus, Lyon,
Regne d'Eglise par mer succombera:

Devers la Perse bien prés d'un million,
Bisance, Egypte, ver sepr. Inuadera.

La mayoría de los intérpretes está de acuerdo en que las crípticas palabras *ver. serp.*, quieren decir "auténtica serpiente" y esto probablemente se refiere a las grandes oleadas de tropas que se dirigen a atacar Bizancio (Estambul) y Egipto, y que por su gran número forman hileras serpenteantes de centenares de miles de soldados, tanques y carros de guerra, pues cerca de un millón de hombres formará la primera línea del ataque de Irán y sus aliados, cifra enorme aún en nuestros días y casi inconcebible en la época del profeta. "El reino de la Iglesia", es una forma literaria de aludir a los occidentales por su fe cristiana, y de ellos se vaticina una terrible derrota en el mar, concretamente en el Adriático, como luego veremos ("el reino de la Iglesia sucumbirá por mar").

Sobre el gran jefe de los invasores, Nostradamus da algunos datos en la cuarteta X-75 con estas palabras:

X-75
El tan esperado no regresará jamás
en Europa, en Asia aparecerá,
uno de la liga, salido del gran Hermes,
crecerá entre todos los reyes del Oriente.

Tant attendu ne reviendra iamais
Dedans l'Europe, en Asia apparoistra,
Un de la ligue yssu du grand Hermes,
Et sur tous Roys des Orients croistra.

El tan esperado debe ser sin duda el *Mahdi,* de quien hemos hablado. Pero quien aparezca como gran líder y conquistador musulmán del siglo XXI, realmente no será el Mesías islámico del cual incluso varias tradiciones dicen que ha venido con anterioridad. Es decir, en estas estrofas se descalifica a quien comandará la gran invasión a Occidente, posiblemente porque después de grandes altibajos y avatares, finalmente será derrotado.

Este gran jefe islámico aparecerá comandando los ejércitos musulmanes tanto en Europa como en Asia según veremos, y su poder será muy grande en todos los países musulmanes pues, al parecer, Nostradamus pronostica en esta cuarteta el surgimiento de un gran estado islámico, una liga o alianza que será gobernado por este gran jefe que "crecerá entre todos los reyes del Oriente". Este rey saldrá del gran Hermes que, como es sabido, en la mitología griega era el dios de los comerciantes, lo que al parecer indica que será alguien muy vinculado al mundo de las finanzas y los negocios, ¿Osama bin Laden?

La alianza islámica comprenderá principalmente tres grandes estados musulmanes, que con mucha probabilidad son Irán, Irak y Libia, todos ellos mencionados frecuentemente en varias cuartetas (Persia, Mesopotamia, Babilonia, los de Libia) y todos ellos, como se sabe, agresivamente antioccidentales ("tres hermanos que ponen al mundo en turbación"). Su primer gran triunfo será la toma de Estambul (Bizancio), hecho que, como en el pasado, dará comienzo a la nueva gran expansión del islam:

VIII-17
Los bien acomodados súbitamente serán desposeídos
Por los tres hermanos el mundo puesto en turbación:

Ciudad marina cogerán los enemigos,
hambre, fuego, sangre, peste y todos los males el
[doble.

Les bien aisez subit seront desmis,
Par les trois frères le monde mis en trouble:
Cité marine saisiront ennemis,
Faim, feu, sang, peste & de tous maux le double.

Vale la pena tener en cuenta la reveladora frase inicial, según la cual "los bien acomodados súbitamente serán desposeídos", que claramente se refiere a las grandes diferencias de nivel de vida entre los contendores, siendo los ricos países occidentales desposeídos por los invasores: otro paralelismo histórico con las invasiones bárbaras al Imperio romano.

Este gran jefe musulmán no es el *Mahdi* de la tradición islámica sino el Anticristo de que hablan las profecías bíblicas. En una tremenda cuarteta, la 77 de la *Centuria* VIII, se pronostica:

VIII-77
Tres serán aniquilados pronto por el Anticristo.
27 años de sangre durará su guerra,
los herejes serán muertos, los cautivos exiliados,
sangre, cuerpos humanos, agua enrojecida, tierra
[salpicada.

L'antéchrist trois bien tost annichilez.
Vingt & sept ans sang durera sa guerre,
Les hérétiques morts, captifs exilez,
Sang, corps humain, eau rogie, gresler terre.

Los tres a que se refieren las primeras líneas probablemente son los tres primeros países que caerán en poder de los musulmanes, o sea, Armenia que será el primer Estado atacado para desde allí seguir contra la vecina Turquía y, a continuación, Egipto, cuya posesión estratégica es vital para los atacantes.

Aunque 27 años de guerra parece un período de tiempo inusitadamente largo en nuestros días, creemos que esto es posible si se tiene en cuenta que el conflicto entre el islam y el Occidente posiblemente estará marcado por una serie de enfrentamientos parciales, seguidos de algunas largas treguas, como ocurrió en la antigua Grecia durante la Guerra del Peloponeso, a la que Tucídides considera una sola guerra a pesar de haber tenido varias interrupciones y períodos de paz. Esto es factible, además, si no se emplean armas atómicas, cuyo uso parece no ocurrirá, al menos masivamente. En forma pictórica, la cuarteta describe los estragos de la guerra después de anunciar que los "herejes serán muertos", es decir, el triunfo final de los occidentales, ya que para el pensamiento del vidente, todos los no cristianos, son llamados "herejes".

Uno de los episodios más terribles de esta fase de la guerra, es la gran peste que se desatará en toda Grecia y que se profetiza claramente en la cuarteta V-90:

V-90
En las Cícladas, en Perinto y en Larissa,
en Esparta y en todo el Peloponeso:
Gran hambruna, peste por falso polvo
que durará nueve meses por toda la península.

Dans les Cyclades, en Perinthe & Larisse,
Dedans Sparte tout Peloponnesse:

Si grande famine, peste par faux connisse,
Neuf mois tiendra & tout le cherronesse.

Posiblemente en Grecia, probarán los invasores las armas biológicas que en secreto han venido desarrollando, de tal manera que en casi toda la península surgirá "la peste", como la llama el vidente, recordando las grandes epidemias de la Edad Media que mataron centenares de miles de personas. Esta epidemia se propagará mediante la difusión de "un falso polvo" (*conisse*, viene del griego konis que significa precisamente "polvo"), que contiene las esporas de mortíferas bacterias o virus propagados intencionalmente por los agresores islámicos. También en IX-91 se habla de la "horrible peste" y de "un mal desconocido", al tiempo que se citan varias regiones y ciudades de Grecia en las que la enfermedad hará estragos:

IX-91
La horrible peste en Perinto y Nicópolis,
el Quersoneso aguantará y Macedonia,
Tesalia devastará a Anfípolis,
Surgirá un mal desconocido y el rechazo de Antonio.

L'horrible peste Perynte & Nicopolle
Le Cherfonnez tiendra & Marceloyne,
La Thessalie vastera l'Amphipolle,
Ma incogneu, & le refus d'Antoine.

Desde luego no podemos saber anticipadamente quién es Antonio y a qué episodio se refiere la última línea de la cuarteta, que en lo demás es suficientemente clara y en todo concordante con la anteriormente citada. Hay otra cuarteta que, de manera general, describe el origen de la invasión y su paso por el extremo oriental de Europa, aludiendo siempre al gran jefe musulmán que dirigirá las primeras operaciones bélicas:

V-54
Del mar Negro y de la gran Tartaria
un rey llegará para ver la Galia,
atravesará Alana (Rusia) y Armenia
y dejará en Bizancio una vara sangrante.

Du pont Euxine, & la grand' Tartarie,
Un Roy sera qui viendra voir la Gaule,
Transpercera Alane & l' Armenie
Et dans Bisance lairra sanglante Gaule.

Esta cuarteta, sin duda alguna, es clave, ya que permite inferir con seguridad que los hechos se refieren a la futura guerra. Es indiscutible que, después de la época de Nostradamus, ningún guerrero procedente del Asia central ha llegado hasta Francia después de pasar por Rusia y Armenia y de tomar Estambul. En cambio estas palabras, sí concuerdan perfectamente con lo ya explicado sobre el ataque islámico que vendrá; se indica, además, que el invasor, también ocupará Armenia, en el Cáucaso, convirtiéndola, posiblemente, en su base de operaciones durante la primera fase de la guerra y también atacará a Rusia para caer luego sobre Hungría en un doble ataque envolvente coordinado con otras fuerzas mahometanas procedentes de los Balcanes. De manera general se indica que este jefe invasor llegará hasta Francia (la Galia) que, como veremos, será escenario de encarnizados combates que definirán la guerra después de muchos años de lucha. La "vara sangrante" de que se habla, es una forma metafórica y elocuente de aludir al estandarte de guerra de los invasores que tomarán Estambul, puerto clave para el dominio del este de Europa y, otrora, la orgullosa capital del gran Imperio bizantino. Así, extrañamente, se repite la historia, pues es bueno recordar que, en 1453, los turcos otomanos tomaron la ciudad que había sido capital de ese gran Imperio durante más de mil años.

Después de referirse a un prodigio que ocurrirá a lo largo del Ródano, en III-96, se habla de la invasión de Macedonia por los persas, interesante referencia que no deja dudas respecto a las acciones bélicas iniciales de la tercera guerra mundial, ya que nunca después de las guerras llamadas Médicas (la última de las cuales terminó en el año 387 a. C.), los persas habían atacado el continente europeo, razón por la cual se dice que éstos (hoy los iraníes) "volverán" a atacar Macedonia, a donde "llegará tarde el socorro previsto":

II-96
Llama ardiente será vista en el cielo de noche
cerca del fin y principio del Ródano,
hambre, espada, tarde el socorro previsto,
Persia vuelve a invadir Macedonia.

Flameau ardant au ciel soir fera veu,
Prés de la fin & principe du Rosne,
Famine, glaive, tard le secours pourveu,
La Perse tourne envahir Macédoine.

Con claridad, continúa el vidente relatando el avance de un enorme ejército musulmán por los Balcanes hasta llegar a Hungría (Panonia), después de haber dominado la resistencia de turcos y griegos:

VIII-15
Masas de hombres se dirigirán con grandes esfuerzos
[hacia el norte
para turbar a Europa y a casi todo el universo,
los dos eclipses (los) pondrán en tal huida,
y a los panonios se les reforzará la vida y la muerte.

Vers Aquilón grands efforts par hommasse
Presque l'Europe & l'univers vexer,
Les deux eclyses mettra en telle chasse,
Et aux Panons vie& mort renforcer.

Los eclipses de que habla la tercera línea, obviamente constituyen un referente cronológico para indicar la época en que los invasores llegarán a Hungría, la antigua provincia romana de Panonia, pues los ejércitos contrarios han huido precipitadamente y los invasores avanzan, incontenibles, a partir de Grecia y Estambul (Bizancio) hacia el norte, explicando el vidente que turbarán a Europa "y a casi todo el universo", reveladora frase que indica, sin reticencias, el alcance mundial del gran conflicto islam-Occidente. A los húngaros, finaliza la cuarteta, se les enviarán los refuerzos que necesitan desesperadamente, que para ellos son, obviamente, "de vida o muerte".

ATAQUES EN EL MEDITERRÁNEO

Casi simultáneamente a la invasión de Europa oriental, los islámicos atacarán las costas de Italia y de la mayor parte de las islas del Mediterráneo, llegando a penetrar hasta el mar Adriático. Esta vez el grueso de los atacantes será de origen libio, y de otros países norteafricanos, posiblemente Argelia, Túnez y Marruecos, lo que es lógico dada la proximidad de tales países con el sur europeo.

I-9
De Oriente vendrá el corazón púnico
a atacar a Adria y a los herederos de Rómulo,
acompañado por la flota de Libia,
Malta temblará y las cercanas islas serán despojadas.

De l'Orient viendra le coeur Punique
Fascher Hadrie, & les hoirs Romulides,
Accompagné de la classe Libyque,
Temple Mellites et proches isles vuides.

La magnitud de la la empresa bélica del islam hace que, prácticamente, todos los países que comparten esa fe intervengan en el gran conflicto. No podía, por tanto, faltar Libia, uno los estados islámicos más radicales quien, seguramente, desde el comienzo intervendrá conjuntamente con los iraníes e iraquíes en el ataque contra

Elio Ciol, Venecia, *fotografía. En:* Venezia, *Federico Monta Editore, 1995.*

Turquía, Grecia y Egipto, para luego dirigirse desde el oriente hacia el mar Adriático e Italia. "El corazón púnico" es una clara alusión histórica a los pueblos de origen norteafricano (los libios) ya que el nombre de "púnicos" se refiere a los fenicios y a su antigua gran ciudad, Cartago (en lo que hoy es Túnez), el más encarnizado enemigo de los romanos, "los herederos de Rómulo". El papel de los libios será protagónico durante la tercera guerra mundial y por ello son mencionados en varias cuartetas; ello es explicable no sólo por la política agresivamente antioccidental adelantada en los últimos años por su líder, el coronel Gadaffi, sino también por su cercanía a las costas de Italia. Es así como, claramente, dice Nostradamus en esta cuarteta, que una gran flota libia atacará en el mar Adriâtico (Adria) y en las costas italianas e islas adyacentes como Malta.

En el Adriático se librarán grandes combates marítimos, avanzando los musulmanes hasta la propia ciudad de Venecia; por ello en la cuarteta VI-75 se dice que "una armada bárbara hará que Venecia tiemble". El resultado de la lucha, finalmente, será favorable a los invasores, como se lee en la cuarteta IX-100:

IX-100
En una pugna naval la noche será superada,
el fuego en las naves será la ruina de Occidente.
Rúbrica nueva, la gran nave coloreada,
cólera para el vencido y victoria en bruna.

Navale pugne nuit sera superee,
le feu, aux naves a l'Occident ruine
Rubriche neusve, la gran nef colorée,
Ire a vaincu, & victoire en bruine.

No se comprende bien lo que significa la "rúbrica nueva y la gran nave coloreada", aunque podría pensarse en algún nuevo distintivo pintado en la nave capitana de los musulmanes. Sin embargo, el sentido de la cuarteta es bien claro: esta batalla naval será un gran desastre para Occidente; gran parte de sus naves se incendiarán antes de naufragar, al parecer en la madrugada y en medio de la lluvia. Este trágico acontecimiento, que ocurre más o menos simultáneamente con la rendición final de los últimos reductos de tropas egipcias, incapaces de contener las incursiones que en gran número realizan los fundamentalistas islámicos, que bombardean implacablemente sus objetivos en Egipto, es anunciado en II-86 en estos términos:

II-86
Naufraga la flota cerca de la onda adriática,
la tierra tiembla sacudida por el aire.
Egipto tiembla aumento mahometano,
el heraldo se rindió a gritos.

Naufrage a classe pres d'onde Hadriatique,
La terre tremble esmue sus l'air en terre mis,
Egypte tremble augment Mahometique,
L'Hérault soy rendre 'à crier est commis.

Después del triunfo naval islámico, la ciudad de Venecia, el principal puerto sobre el Adriático, es ocupada por los invasores extranjeros, al parecer sin resistencia y sin que haya recibido la ayuda esperada:

IV-1
Por lo que resta de sangre no derramada
Venecia solicita recibir ayuda

después de haber esperado largo tiempo.
La ciudad será librada al primer son de trompeta.

Cela du reste de sang non espandu,
Venice quiert secours estre donné,
Apres avoir bien long temps attendu,
Cité livrée au premier cornet sonné.

Capturada Venecia los invasores, que en su mayoría son de origen libio, según se ha dicho, desembarcan el grueso de sus tropas y se dirigen sin resistencia a Hungría (los panonios), donde se encuentran con los atacantes que han avanzado por los Balcanes:

V-48
Después de la gran aflicción del cetro.
Dos enemigos por ellos serán derrotados,
la flota de África entre los panonios aparecerá,
por mar y por tierra llevarán a cabo horribles hechos.

Apres la grande affliction du sceptre,
Deux ennemis par eux seront defaicts:
Classe d'Afrique aux Pannons viendra naistre
Par mer & terre feront horribles faicts.

No sabemos de qué aflicción se trata y a quién ocurrirá, aunque al parecer se alude a un gobernante ("el cetro"). Los dos enemigos derrotados por los invasores son presumiblemente las armadas italiana y francesa, destruidas en el gran desastre del Adriático.

En este momento, se produce un trascendental encuentro entre los dos más grandes jefes islámicos: "los dos más grandes de Asia y África", es decir, el jefe de los irano-iraquíes y centroasiáticos y el jefe supremo de los libios y norteafricanos, los cuales se reúnen en un lugar cercano a un sitio que la predicción llama "Venus", que creemos es la recién conquistada Venecia. De acuerdo con las sutiles alusiones y ocultas relaciones y significados propios del lenguaje críptico de Nostradamus, es válida la poética comparación entre la diosa Venus, surgida de las espumas del mar, y la ciudad de Venecia, que también surge de las aguas marinas del Adriático.

IV-68
En un lugar bien cercano no lejano de Venus
los dos más grandes de Asia y África:
Del Rin y del Hister se dirá que han venido,
gritos, llantos en Malta y en la costa ligúrica.

En lieu bien proche non esloigné de Venus,
Les deux plus grands de l'Asie & d'Afrique,
Du Ryn & Hister qu'on dira sont venus
Gris, pleurs 'a Malte & costé Ligustique.

La procedencia de estos dos grandes jefes, el Rin y el Hister (nombre antiguo del Danubio y que nada, absolutamente nada, tiene que ver con Hitler como lo pretenden algunas disparatadas interpretaciones), es perfectamente concordante con el contexto, ya que una parte de los invasores procedentes de los Balcanes han avanzado casi sin resistencia hasta el Rin, desde donde amenazan a Francia por el noreste, al tiempo que los libios, después de sus triunfos en el Adriático y Venecia, han avanzado hasta el Danubio, en Hungría. Ambos jefes, se darán cita cerca de Venecia, y cada uno vendrá del respectivo frente en que se encuentra con sus tropas. Después de esto se recrudecerán los ataques islámicos en contra de Malta y de la costa ligúrica, es decir, la que está próxima a Génova.

La armada libia, prácticamente sin oposición, saquea todas las costas de Liguria y del mar Tirreno, desde Mónaco hasta Sicilia, como se expresa en las siguientes estrofas de singular claridad:

II-4
Desde Mónaco, hasta más allá de Sicilia
toda la costa marina quedará desolada.
No habrá barrio, ciudad ni villa,
que no sea saqueada y robada por los bárbaros.

Depuis Monech iusqu' aupres de Sicile,
Toute la plague demourra désolée,
Il n'y aura faux-bourg, cité, ne ville,
Que par Barbares pillée soit & vollee.

Y en VII-6 se alude a los mismos hechos y a un fallido intento de contraataque, posiblemente de los franceses:

VII-6
Nápoles, Palermo y toda Sicilia
serán inhabitadas por manos bárbaras.
En Córcega, Salerno y la isla de Cerdeña,
hambre, peste, guerra, un intento de acabar con los males.

Naples, Palerme & toute la Sicile,
Par main barbare sera inhabitée,
Corsicque, Salerne & de Sardeigne l' Isle,
Faim, peste, guerre, fin de maux intentée.

En III-87 y III-23, Nostradamus advierte a la flota francesa que no ataque a los libios pues, ya diezmada por el desastre del Adriático, será nuevamente derrotada:

III-87
Flota gálica, no te acerques a Córcega
y mucho menos a Cerdeña, o te arrepentirás:
Pronto moriréis todos privados de la ayuda deseada,
la sangre brotará, prisionero no me creerás.

Classe Gauloise n'aproche de Corsegue
Moins de Sardaigne tu t'en repentira:
Trestous mourrez frustrez de l'aide grogne,
Sang nagera, captif ne me croiras.

En estas estrofas hay algo tal vez único en toda la obra de Nostradamus, y es que el vidente aconseja a sus compatriotas para que eviten determinados movimientos de su flota, concretamente que no se acerquen ni a Córcega ni a Cerdeña, pues de no atender esta advertencia, vendrá otro desastre para la armada francesa. Esto, desde luego, plantea graves interrogantes sobre la naturaleza misma de la profecía, pues al parecer, y de acuerdo con este verso, el futuro puede ser modificado; vale decir, que lo que el profeta vaticina no siempre deberá cumplirse de manera inexorable porque el ser humano, con su libre albedrío puede dar otro curso a los acontecimientos. En la siguiente cuarteta se continúa hablando de este mismo tema que sin lugar a dudas se refiere a la confrontación con los islámicos, pues se dice que "Mahoma es contrario", lo que indica que será el adversario de los franceses en estas circunstancias, precisándose, además, que el enemigo es aún más fuerte que en el mar Adriático donde, ya sabemos que se produjo una gran derrota naval para los franceses e italianos. En este caso los franceses tendrán que roer "los huesos de caballos y asnos", forma gráfica de referirse a las penurias y al hambre que deberán pasar.

III-23
Si Francia va más allá del mar de Liguria
te verás encerrada en islas y mares:
Mahoma es contrario, más en el mar Adriático
roerás los huesos de caballos y asnos.

Si France passe autre mer Lygustique,
tu te verras en isles & mers enclos:
Mahomet contraire plus mer Hadriatique,
Chevaux & asnes tu rongeras les os.

La nueva derrota de la armada francesa en el Mar Tirreno cerca de las "islas" (Córcega y Cerdeña) queda relacionada en II-78:

II-78
El gran Neptuno en lo profundo del mar
mezclado con gente púnica y sangre gala.
Las islas ensangrentadas por el tardo remar
más le dañará que el oculto mal guardado.

Le grande Neptune du profond de la mer,
De gent Punique et sang Gaulois meslé:
Les Isles 'a sang pour le tardif ramer,
Plus luy nuira que l' occult mal celé.

Aunque no puede precisarse el sentido de la frase "más le dañará que el oculto mal guardado", en general, los versos son relativamente claros y aluden a una nueva derrota de la armada francesa en el mar Tirreno, al tratar de contener los saqueos de los libios.

Ya se ha dicho que los púnicos eran los antiguos fenicios que ocuparon parte del norte de África al establecerse en la gran ciudad de Cartago, la perenne rival de Roma y en otras ciudades de la costa. Muy al estilo del vidente, con sus constantes alusiones históricas, el texto se refiere indudablemente a los invasores islámicos de origen norteafricano, que son, sin duda, los libios, posiblemente en unión con otros estados musulmanes que, después de sus victorias sobre Turquía, Egipto y Grecia y del desastre de la armada occidental en el Adriático y la derrota francesa en el mar Tirreno, prácticamente ya dominan todo el Mediterráneo. Estos hechos de guerra no pueden, de ninguna manera, atribuirse a la acción de los piratas bereberes en el Mediterráneo durante los siglos XVI, XVII, XVIII y XIX ya que nunca los franceses sufrieron derrotas como las señaladas. Creemos, por lo tanto, que son hechos reservados al futuro y que guardan perfecta coherencia con los demás episodios bélicos dentro de la tercera guerra mundial.

INVASIÓN A ESPAÑA

Como ocurrió en el siglo VIII, los mahometanos invadirán nuevamente a España, y en una campaña que al parecer no será muy larga, dominarán toda la península y pasarán por los Pirineos hacia Francia, para encontrarse más adelante en la Provenza, la tierra del profeta, con las tropas musulmanas que han atravesado todo el norte de Italia invadiendo el sur del territorio francés.

En la fase inicial de la invasión, los islámicos infringirán una gran derrota a los británicos en Gibraltar, que es la primera gran línea de defensa de España. En VII-16 se habla de la entrada de "la gran reina" (la Gran Bretaña, "reina de los mares"), quien ha fortificado tanto esta estratégica posición que la ha convertido en un "lugar poderoso e inaccesible", a pesar de lo cual el ejército "de los tres leones será deshecho", lo cual provocará después, dentro de la península, un "caos horroroso y terrible", pues el camino ha quedado despejado para los intrusos. Creemos que no hay duda de que los derrotados serán los británicos, al parecer tanto por mar como por tierra, pues se habla en la profecía de "el ejército de los tres leones" y precisamente en el escudo de la Gran Bretaña figuran tanto en la parte superior como en la inferior grupos de tres leones:

Alfred Rethel, La muerte en las barricadas, *xilografía, 1849. En:* Neoclasicismo y Romanticismo, *Könemann, 2000.*

VII-16
Entrada profunda por la gran reina hecha
convertirá el lugar en poderoso e inaccesible.
El ejército de los tres leones será deshecho,
provocando en el interior un caos horroroso y terrible.

Entrée profonde par la grande Royne faicte
Rendra le lieu puissant inaccessible:
L'armee des trois Lyons sera deffaite,
Faisant dedans cas hideux & terrible.

Así las cosas, los islámicos, después de destruir Ceuta, desembarcarán en la península:

VI-80
De Fez el reino llegará a los de Europa,
fuego su ciudad y espada cortará.
El grande de Asia cruzará tierra y mar con una gran tropa
que a azules, persas, cruz a muerte les conducirá.

De Fez, le regne parviendra a ceux d'Europe
Feu leur cité & lame trenchera:
Le grand d'Asie terre & mer a grand troupe,
Que bleux, pers, croix, a mort de chassera.

Al hablar de Fez, la profecía alude al reino de Marruecos que, como se sabe, es el país musulmán más cercano a España y por donde penetrarán los invasores en el frente del oeste, destruyendo a "fuego y espada" una ciudad que, aunque no se nombra, presumiblemente es Ceuta, un enclave español en el norte de África, cerca del estrecho de Gibraltar. La enumeración que se hace en la línea final, simplemente indica que habrá grandes bajas de ambas partes, pero en definitiva el triunfo islámico será total ya que pronto caerán las ciudades de Granada y Córdoba, como se indicará seguidamente. Los invasores, según estas estrofas, serán predominantemente de origen bereber (pueblos del norte de África) e iraní ("persas"). A los primeros, a quienes se considera temibles guerreros, se les llama tradicionalmente "los azules", por el color de sus vestiduras y la palabra "cruz" alude, por supuesto, a los cristianos españoles.

El jefe musulmán de esta conquista, a quien se llama "el grande de Asia", posiblemente es el mismo personaje al que ya nos hemos referido, es decir, aquel que, procedente del Asia central (la "gran Tartaria") e Irán, se apoderó de Armenia y Turquía dando origen con ello al gran conflicto y, también, como aquel que, "salido del gran Hermes", "crecerá entre todos los reyes del Oriente" según X-75. La cuarteta V-55 da más detalles sobre este personaje, pues allí se dice que será de origen árabe y más particularmente del Yemen, la llamada "Arabia feliz" y será quien conquiste de nuevo, para el islam, la ciudad de Granada:

V-55
De la comarca de la Arabia feliz
nacerá un maestro de la ley de Mahoma
que vejará España y conquistará Granada
y luego por mar al pueblo ligústico.

De la Felice Arabie contrade,
Naistra puissant de loy. Mahométique,
Vexer l' Espaigne, conquester la Grenade,
Et plus par mer a la gent Lygustique.

Esta cuarteta es una de las más reveladoras respecto de los sucesos que vendrán, pues no cabe la menor duda y, no puede haber ninguna confusión, respecto al hecho de que después de la expulsión de los mahometanos de la península ibérica en el año 1492 por los Reyes Católicos, España nunca se ha visto invadida por los islámicos. Y por ello, si bien es cierto que algunos otros acontecimientos del enfrentamiento entre el islam y Occidente a los que Nostradamus se refiere, podrían haber ya ocurrido en los siglos XVI, XVII, XVIII, con las conquistas otomanas de las islas del Mediterráneo (Rodas, Chipre, Malta) y la invasión al oriente de Europa, el ataque a España por los musulmanes, luego de su expulsión en el siglo XVI nunca ha ocurrido. Este es un argumento decisivo en contra de quienes creen que todos los hechos profetizados por el vidente de Salon, ya sucedieron en los pasados siglos.

Ahora bien, la conquista de Granada tiene un especial significado simbólico para el islam, pues esta fue su última posesión en España y era la expresión de la decadencia y derrota de los musulmanes; por ello, su reconquista en la tercera guerra mundial, tendrá para ellos un enorme significado.

Es más, la creencia en la reconquista de España, figura entre las tradiciones más antiguas de los musulmanes y se atribuye a Mahoma la profecía de que luego de ser expulsados de España, los árabes volverían victoriosos a ella, justamente en los tiempos del *Mahdi*.

La cuarteta termina indicando que el mismo conquistador de Granada subyugará luego, por mar, "al pueblo ligústico", es decir, a los habitantes próximos a la Costa Azul. Como más adelante veremos, justamente de Barcelona saldrá, posteriormente, la gran flota islámica que atacará toda la costa del mar Ligúrico así como también la vecina ciudad de Marsella.

Por su parte, la cuarteta III-20, alude a la lucha que, en torno al sur de España y de la ciudad de Granada, se librará entre los invasores y los occidentales, a quien Nostradamus, identifica por su fe cristiana (los de las "cruces") que serán rechazados por "gentes de Mahoma"; es decir que la contraofensiva española contra los invasores fracasará. El gran río bético que allí se nombra es el Guadalquivir (Andalucía):

III-20
Por las comarcas del gran río bético
lejos de Iberia, en el reino de Granada,
cruces rechazadas por gentes mahometanas,
uno de Córdoba traicionará la comarca.

Par les contrées du grand fleuve Bethique
Loin d'Ibere au royaume de Grenade:
Croix repoussées par gens Mahometiques,
Un de Cordube trahira la contrade.

Debido a una traición, la ciudad de Córdoba caerá en poder de los musulmanes, concretamente de un jefe de origen turco o que fue héroe de la causa islámica en la toma de Bizancio, a quien por ello se llama "el bizantino", aunque puede tratarse también del llamado "el grande de Asia" quien, desde el inicio de la contienda, conquistó Bizancio, donde "dejó su vara sangrante" (V-54); esta forma de llamar a un mismo personaje de diferentes maneras, como se ha dicho, es una de las variantes preferidas por el vidente para confundir aún más, recordémoslo. Después de conquistar Córdoba, este jefe tomará "un largo descanso" antes de dirigirse a Gibraltar (VIII-51), plaza fuerte que, debido a su ocupación por los británicos desde 1704, es llamada "la colonia ocupada":

VIII-51
El bizantino hará una ofrenda
después de tomar para sí Córdoba otra vez,
en su camino tomará un largo descanso,
pasando el mar con la proa hacia la colonia ocupada.

Le Byzantin faisant oblation,
Apres avoir Cordube a soy reprinsse:
Son chemin long repos pamplation:
Mer passant proy par la Cologna prinse.

Algunas interpretaciones pretenden que el lugar al que se dirigirá el jefe musulmán es la ciudad de Colonia (Alemania), pero ello no es congruente con el contexto, que más bien señala a una ciudad o región a la que se puede ir por mar fácilmente desde España, que, ciertamente, no es el caso de la citada ciudad alemana. La palabra empleada por el texto es "Cologna" que se puede interpretar como una variación de Colonie (Colonia) o también de Colonne (columna), siendo en ambos casos una alusión a Gibraltar, que ha sido colonia británica desde comienzos del siglo XVIII o que, según la denominación griega, correspondía a "las columnas de Hércules".

Anteriormente, los iraníes (persas) han ocupado Túnez y Argel incitando a estos estados islámicos a entrar en la guerra. Después de la caída de Córdoba otras importantes ciudades españolas, León, Sevilla y Barcelona caen también en poder de los enemigos. Como sabemos, Venecia ya ha sucumbido con anterioridad y, tal vez, se la menciona en las siguientes estrofas, no sólo para señalar la coordenada temporal de los acontecimientos, sino para recordar la alianza española y veneciana que obtuvo el gran triunfo de Lepanto en 1571. Pero en esta oportunidad la ayuda de los venecianos en favor de los españoles, no podrá repetirse, es decir que "no habrá ejército de los venecianos", según la línea final de la cuarteta.

Como más adelante se concretará, en este momento de la guerra los invasores, que han dominado gran parte de la península ibérica, cruzan los Pirineos y atacan el suroeste de Francia, que es amenazada, también, por el Mediterráneo, por el este, los Alpes y por el noroeste; es decir, por cinco partes al mismo tiempo, como puede leerse en la siguiente estrofa:

I-73
Francia, por negligencia,
tiene cinco partes asediadas.
Túnez y Argel incitadas por persas:
León, Sevilla, Barcelona, caerán
y no habrá el ejército de los venecianos.

France a cinq pars par neglect assaillie,
Tunys, Argal esmeuz par Persiens:
Leon, Seville, Barcellonne faillie,
N'aura la classe par les Venitiens.

En la cuarteta V-14 se habla de una decisiva batalla que determinará el triunfo de los mahometanos en España y la derrota de los occidentales a manos de un jefe libio. Esto confirma que los norteafricanos se han unido a los iraníes e iraquíes después de sus triunfos en el mar

Tirreno sobre la armada francesa. Allí mismo se indica la captura del príncipe heredero de España, lo cual ocurrirá cerca de Malta y, seguramente, mientras trata de huir:

V-14
Saturno y Marte en Leo, España cautiva,
por jefe libio en el conflicto atrapada.
Próximos a Malta, heredero atrapado vivo
y el romano cetro será por gallo golpeado.

Saturne & Mars en Leo Espagne captive,
Par chef libyque au conflict attrapé,
Proche de Malte, Heredere prinse vive,
Et Romain sceptre sera par coq frappé.

La última línea, al parecer, nada tiene que ver con los hechos a que se refieren las anteriores. Se trata, sin embargo, y de acuerdo con el particular sistema de las cuartetas de un acontecimiento más o menos contemporáneo: la elección de un papa de origen francés (el gallo es el emblema de Francia), lo cual ocurrirá aproximadamente al mismo tiempo en que cae prisionero el heredero del trono español, cerca de Malta. Esa elección ocasionará un cisma en la Iglesia, a la cual esta profecía denomina "el cetro romano", según se detallará posteriormente.

Pero los mahometanos no sólo capturarán al príncipe heredero de España, sino que lo mismo ocurrirá, desgraciadamente, a su madre la reina Sofía, según IX-78:

IX-78
La dama griega de elegante belleza,
feliz revestida de virtudes innumerables,

será trasladada fuera del reino hispánico
y morirá prisionera de muerte miserable.

La dame Grecque de beauté laydique,
Heureuse faicte des procs innumerable,
Hors translatée au règne Hispanique,
Captive prinsse mourir mort misérable.

Los invasores, dominada toda la península ibérica, cruzan entonces los montes Pirineos para apoderarse del sudoeste de Francia. En este momento los franceses van a ser atacados por cinco frentes simultáneamente, como se dijo en I-73: desde los Pirineos, por mar en Marsella, por el este desde el norte de Italia de donde las tropas galas han debido replegarse, por los Alpes y como se indicará luego, también por el noroeste amenazando París.

Un jefe musulmán, a quien Nostradamus llama *el Emanciano*, ataca a Francia cruzando los Pirineos, y ocupando sin resistencia Narbona, al tiempo que, por mar y tierra, hace "gran perturbación". Este nombre según J. Ch. de Fontbrune, proviene de Emancia, una provincia de Macedonia, lo que indica el origen de este jefe. Otros creen que tal nombre es un neologismo derivado de la raíz griega *haima atos* (sangre) o sea que *Emanciano*, significaría simplemente "Sanguinario". Se habla, además, de alguien que no tendrá tierra segura para permanecer, probablemente por las grandes perturbaciones bélicas causadas por el jefe musulmán. De acuerdo con algunas traducciones, se trata de un Capeto, es decir del rey de Francia, lo que, ciertamente, está muy de acuerdo con el método contextual de interpretación que hemos acogido. La amenaza al país se cierne por todas partes, y por ello ni el mismo rey francés puede permanecer seguro en un mismo sitio, por lo que debe cambiar constantemente de sede.

Téngase en cuenta, sin embargo, que entre la penetración islámica de los Pirineos y la elección del rey Enrique V (*Chirén*), puede transcurrir algún tiempo; pero el vidente, de acuerdo con su particular método, presenta de una vez el conjunto de los hechos que se sucederán durante un período más o menos prolongado en relación con el jefe invasor:

IX-64
El *Emanciano* cruzará los montes Pirineos,
en marzo Narbona no ofrecerá resistencia.
Por mar y tierra hará tan gran perturbación
el jefe (Cap) sin tierra segura para permanecer.

L' Aemamathion passer mont Pyrénées,
En Mars Narbon ne fera résistance:
Par mer et terra fera si grand menée,
Cap n'ayant terre seure pour demeurancé.

Brüder vom gemeinsamen lebel. Koeln, 1517. *En: Ernst Lehner,* Symbols, Signs & Signets, *1950.*

EL REY CHIRÉN

Las angustiosas circunstancias que vive Francia, obligan a la nación entera a unirse en torno de un solo gobernante con plenos poderes, pues el gobierno republicano se ha mostrado débil e incapaz para hacer frente a la masiva invasión musulmana. Es así como se escoge a un príncipe de estirpe borbónica, quien luego de sangrientas luchas logrará "pacificar la tierra", lo cual no quiere decir que gobernará pacíficamente como muchos lo interpretan, sino lo contrario, que durará "largo tiempo" en guerra pacificando a Francia y al resto de Europa. La alianza de Marte y del cetro, obviamente significa que se trata de un rey guerrero, como antaño lo fue Carlomagno.

VI-24
Marte y el cetro se aliarán
bajo la influencia de Cáncer calamitosa guerra,
poco tiempo después un nuevo rey será coronado,
que por largo tiempo pacificará la tierra.

Mars & le sceptre se trouvera conioinct,
Dessoubs Cancer calamiteuse guerre,
Un peu après sera nouveau Roy oingt,
Qui par longtemps pacifiera la terre.

Este personaje, al que Nostradamus nombra con el anagrama de *Chirén* (nueva palabra formada con las

De Sphaera, Manuscrito italiano, *siglo xv. En:* Alchemy & Mysticism, *1996.*

letras de Henric, Enrique), será quien derrote definitivamente a los islámicos después de muchos años de espantosas guerras. Luego de ello, restablecerá el Sacro Imperio romano, y será coronado emperador en la Ciudad Eterna por el papa, restableciendo igualmente el predominio de la Iglesia como en la Edad Media. Ciertamente, esta predicción hoy nos parece del todo inimaginable; pero tengamos en cuenta que también pensábamos lo mismo de las profecías que anunciaban, por ejemplo, la caída del gran Imperio soviético.

En III-91, el vidente profetiza la restauración de la monarquía con una imagen muy apropiada: el árbol que tanto tiempo estuvo muerto y seco (el linaje de los reyes de Francia), reverdecerá en una noche (cuando *Chirén* sea designado o coronado) y en una visión panorámica que abarca mucho tiempo, resume lo que ocurrirá después, cuando, al final de sus días, el gran monarca enferme, y su hijo "el príncipe renqueante", "pie estancado" (*Ogmios*, el Hércules de los Galos) ponga definitivamente en fuga a los enemigos islámicos ("hará la vela extender"). Esta característica física del príncipe, es sin duda clave para lograr su identificación:

III-91
El árbol que tanto tiempo estuvo muerto, seco,
en una noche reverdecerá:
Con rey enfermo, príncipe renqueante,
gritando a los enemigos hará la vela extender.

L'arbre qu' estoit par long temps mort séché
Dans une nuict viendra a reverdir:
Cron Roy malade, Prince pie étanché,
Criant d'ennemis fera voile bondir.

En V-74, tenemos más datos sobre la identidad de este gran monarca, de quien la profecía dice que tendrá "corazón germánico y sangre troyana", lo que indica que tendrá un espíritu especialmente aguerrido como ha sido siempre el de los pueblos de origen germánico (los *beer man*, "guerreros", según el origen teutón de la palabra), y será de la estirpe tradicional de los reyes franceses con ancestro belga, según se explicará. De acuerdo con algunas leyendas, los reyes de Francia provienen de los héroes troyanos, así como provenían los romanos de Eneas.

V-74
De sangre troyana nacerá corazón germánico
que llegará a ser tan alta potencia,
expulsará afuera extraña gente arábiga.
devolviendo a la Iglesia su prístina preeminencia.

De sang Troyen naistra coeur Germanique
Qui deviendra en si haute puissance:
Hors chassera gent estrange Arabique,
Tournant l'Eglise en pristine preeminence.

En admirable síntesis, Nostradamus dijo lo esencial: un aguerrido monarca de la estirpe real francesa, expulsará a los invasores mahometanos y devolverá a la Iglesia cristiana su preeminencia original. Y este panorama es ampliado en X-44, en donde habla de su lugar de nacimiento, la ciudad de Blois, al tiempo que hace un recuento de sus principales conquistas durante la Gran Guerra: los ligures, es decir, las costas italianas del noroeste de la península y por extensión todo el norte italiano, Memmel (Europa Oriental), Córdoba (España) y los Dálmatas (parte de los Balcanes en lo que hoy corresponde a Croacia y

Bosnia, sobre las costas del Adriático); un enorme territorio que comprende la mayor parte de Europa. Nótese que no menciona ni a Grecia, ni a Bizancio (Estambul), ni a Egipto, Siria, Palestina, Armenia, Babilonia o Mesopotamia, y ello porque estas grandes conquistas corresponderán, como veremos detalladamente, a su hijo y sucesor, el Hércules francés, *Ogmios:*

X-44
Cuando un rey esté contra los suyos,
un nativo de Blois subyugará a los ligures,
Memmel, Córdoba y los Dálmatas,
De los siete después la sombra del rey fortuna y
[lemures.

Par lors qu'un Roy sera contre les siens
Natif de Bloye subiuguera Ligures,
Memmel, Cordube & les Damatiens,
De sept puis l'ombre a Roy estrennes & lémures.

Aquí tenemos otro ejemplo de las frases equívocas del vidente. El rey que estará contra los suyos no es la misma persona de quien se dice que nacerá en Blois y hará las conquistas referidas, o sea *Chirén*, sino que quien está contra los suyos, es decir, contra los franceses, es precisamente Selin, jefe mahometano del que más adelante nos ocuparemos. Como de costumbre, Nostradamus alude a los países por el nombre de uno solo de sus territorios, de tal manera que Memmel no es sólo una parte de la antigua Polonia, sino gran parte de Europa oriental, y lo mismo vale para los otros nombres citados que, en definitiva, nos dan una idea del inmenso imperio que el nacido en Blois llegará a conformar: desde España sus dominios se extenderán hasta Polonia y, desde los Balcanes, hasta Italia y el Mediterráneo occidental.

La frase final de la cuarteta es difícil de comprender. Quizá se refiera a lo que sucederá después de que *Chirén* haya muerto ("la sombra del rey"), pero no sabemos quiénes son los siete –tal vez los países que gobernará este rey y emperador–. Se habla también de la fortuna (*estrennes*) y de los lemures, que eran la sombra de los muertos según la mitología latina lo que, especulando, podría significar que la suerte feliz del fallecido monarca y de los demás héroes de la guerra, acompañará a los siete países que conformaron el gran imperio de Enrique V, es decir, que serán afortunados aún después de la desaparición del gran emperador. Pero también puede tratarse de los siete papas de que habla otra profecía, antes de cuyo gobierno los islámicos no serán derrotados (IV-50).

En V-13, repite esencialmente la misma idea: *Chirén*, según hemos dicho, y como lo exige el momento, será un belicoso monarca que derrotará a los invasores islámicos desde Hungría (Panonia) hasta las columnas de Hércules, nombre con el que como sabemos, los antiguos griegos llamaban al estrecho de Gibraltar:

V-13
Con gran furor el rey romano belga
querrá vejar la falange bárbara,
con exaltada ira expulsará a los libios
desde Panonia hasta Hércules, acosándolos.

Par grand fureur le Roy Romain Belgique
Vexer voudra par phalange barbare:
Fureur grinssant chassera gent Libyque
Depuis Pannons iusques Hercules la hare.

¿Por qué a Enrique se le llama "rey romano Belga"? Creemos que este punto no debería ofrecer mayor dificultad si tenemos en cuenta que Enrique V será rey de un nuevo imperio que heredará los títulos del Sacro Imperio romano de la Edad Media y tendrá sangre belga, sea por parte de madre o de padre, lo que permite trazar un interesante paralelo con el gran emperador Carlos V, contemporáneo de Nostradamus, quien nació en Gante, en lo que hoy es Bélgica. No obstante hay otra interpretación y es la de insertar la preposición que hace falta que es "desde", y así lo que simplemente se dice es que el rey romano iniciará su acometida contra los bárbaros desde Bélgica.

En este punto de la guerra los musulmanes inician su ataque a Marsella desde el puerto de Barcelona que, recordemos, ya ha caído en su poder tras su irresistible avance por la península ibérica. También las Baleares, Córcega, Cerdeña, Sicilia y Malta ("las islas") han sido ocupadas por los mahometanos. Después de indicar que no llegará ayuda por mar a la sitiada Marsella, se habla de una traición que, desde luego, no es posible aclarar anticipadamente:

III-88
De Barcelona vendrá por mar una gran armada,
Marsella temblará de miedo,
las islas del mar serán ocupadas,
tu traidor nadará en tierra.

De Barcelone par mer si grand' armée
Toute Marseille de frayeur tremblera:
Isle saisies de mer aide fermée,
Ton traditeur en terre nagera.

Nostradamus estudia el misterioso diagrama de la cabala, conocido como Árbol de la Vida. *En: Francis X. King y Stephen Skineer,* Nostradamus, *Cículo de Lectores, 1993.*

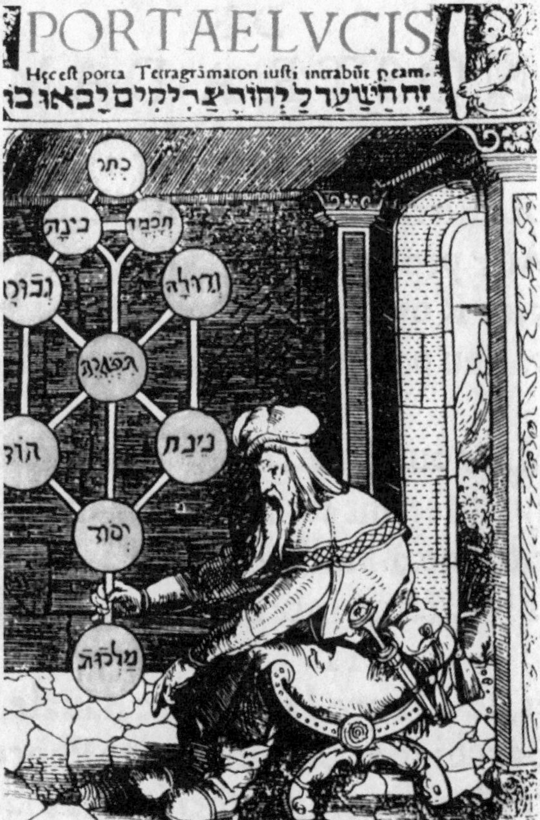
PORTAE LVCIS
Hęc est porta Tetragrãmaton iusti intrabũt p eam.
זה השער ליהוה צדיקים יבאו בו
כתר
בינה
חכמה
גבורה
גדולה
תפארת
הוד
נצח
יסוד
מלכות

PROPHETIES DE M. NOSTRADAMVS

CENTVRIE SEPTIESME.

L'Ac du tresor par Achiles deceu,
Aux procrees sceu la quadrangulaire:
Au faict Royal le comment sera sceu,
Corps veu pendu au veu du populaire.

II

Par Mars ouuert Arles ne donra guerre,
De nuict seront les souldarts estonnés:
Noir, blanc, à l'inde dissimulés en terre,
Soubs la faicte vmbre trai verez & sonés.

III

Apres, de France la victoire nauale,
Les Barchinons, Saillinons, les Phocens:
Lierre d'or l'enclume serré dedãs la basle
Ceulx de Ptolon au frand seront consens.

IIII

Le duc de Langres assiegé dedans Dolle,
Accompaigné d'Ostun & Lyonnois:

DOMINIO DEL CENTRO DE EUROPA

Conquistada Hungría, y después de un tiempo de tregua posiblemente motivado por el mes de ayuno musulmán, el *Ramadán* ("tregua santa"), los invasores continuarán sus operaciones militares dirigiéndose hacia el centro de Europa. Un jefe al que Nostradamus llama "el duque de Armenia", asaltará las ciudades de Viena y Colonia y luego se dirigirá, posiblemente bordeando el Rin, hacia Holanda y Bélgica (Brabante, Flandes, Gante, Brujas). Desde esta posición los islámicos pueden ahora atacar a Francia por el nordeste, acercándose a París. Al mismo tiempo, otro ejército musulmán penetra en Italia y llega hasta Bolonia:

V-94
Trasladará a la gran Germania.
Brabante, Flandes, Gante, Brujas y Bolonia
en la tregua santa, el gran duque de Armenia,
asaltará Viena y Colonia.

Translatera en la grand Germaine,
Brabant & Flandres, Gand, Bruges & Bologne
La tresve saincte, le grand duc d'Armenie,
Assaillira Vienne & la Coloigne.

Hay pocas referencias en las *Centurias* a la guerra en Alemania, pues al parecer este país, ya sin el poderío

Página inicial de la Centuria Siete, en la edición de 1557 de las Prophéties.

bélico de otras épocas, ofrecerá poca resistencia a los invasores. En la cuarteta V-68 se da una visión panorámica de los años siguientes, pues en ella se contienen varios elementos muy generales que abarcan seguramente varios años: la llegada de los islámicos hasta el Danubio y el Rin, el peligro que ello representa para las posiciones francesas en el Ródano y el Loira y, finalmente, la total derrota de los invasores en los Alpes o, más exactamente, en la cadena montañosa del Jura, según veremos mucho más adelante:

V-68
En el Danubio y el Rin vendrá a beber
el gran camello, no se arrepentirá.
Temblarán los del Ródano y más fuerte los del Loira
y cerca de los Alpes el gallo lo arruinará.

Dans le Danube & du Rhin viendra boire
Le grand Chameau, ne s'en repentira:
Trembler du Rofne, & plus fort ceux de Loire,
Et près des Alpes Coq le ruinera.

A pesar de que estas estrofas son relativamente claras, podemos ofrecer, aquí, un ejemplo de lo que puede hacer una interpretación fuera de contexto. Para un erudito como Ovason, la palabra *Chameau* (camello) puede asociarse con Chamaves, un pueblo germánico que luego formó la confederación de los francos, de cuyo nombre deriva Francia[13]. Esta interpretación es –casi sobra decirlo– completamente arbitraria y conduce a conclu-

[13] David Ovason. *Los secretos de Nostradamus.* Barcelona, Plaza & Janés, 1999, pág. 407.

siones inaceptables. Porque lo único que las citadas palabras tienen en común es su comienzo y, por tanto, cualquier otra que empiece por *Cham*, podría también ser asociada con *Chameau* y así se puede ir a cualquier parte. O sea que, si *Chameau* es Francia, desde ahora quedamos notificados de que el símbolo tradicional de este país, el gallo, debe ser reemplazado por un soñoliento camello.

Pero lo que la cuarteta significa es otra cosa muy distinta, pues el camello, como animal simbólico de los mahometanos está más que justificado; como todo el mundo sabe, este animal es de una extraordinaria utilidad para atravesar los grandes desiertos del Asia, los del antiguo Turquestán y Mongolia tanto como los de Arabia y el norte de África. Absolutamente nada que ver con los franceses, cuyo símbolo es el gallo, como aparece en muchas cuartetas de las *Centurias*. Y lo que dicen las estrofas que se comentan es, precisamente, que los musulmanes llegarán hasta las orillas del Danubio y del Rin, y que esto pondrá en peligro a los ejércitos y poblaciones francesas del Ródano y del Loira –como se ve con toda evidencia en muchas otras estrofas que más adelante comentaremos– y que al fin, los intrusos serán totalmente derrotados "cerca de los Alpes", en la cadena montañosa del Jura como se lee expresamente en la cuarteta VIII-34. Según esta cuarteta, habrá "una gran hecatombe" que costará la vida al menos a ciento cincuenta mil enemigos ("la séptima parte de un millón"): el "gallo lo arruinará" (al gran camello). ¿Habrá necesidad de decir que la perfecta armonización entre las varias cuartetas nos permite obtener la más clara, la más lógica y coherente inteligencia de las profecías? Al menos tendremos mucha más claridad que la que se alcanza con el tan misterioso como arbitrario *lenguaje verde* de que habla el señor Ovason, el cual hasta permite convertir a los franceses en camellos, como viene de decirse.

Se indican también los acontecimientos que ocurrirán en Suiza. Particularmente se precisa que la ciudad de Ginebra será atacada por las fuerzas de un jefe musulmán al que Nostradamus llama Raypoz, nombre que con mucha probabilidad es un anagrama de un personaje histórico, el persa Zopyra, de quien se dice que, ganándose la confianza de los babilonios, abrió las puertas de la ciudad al rey Darío quien la conquistó en el año 519 a. C. Darío, posteriormente, nombró a Zopyra como sátrapa vitalicio de Babilonia en justa retribución por tan valioso servicio. Quizá en la toma de Ginebra se presente algo que de alguna manera pueda compararse con este ardid, pero lo que es claro es que en la cuarteta IX-44, se dice claramente que los habitantes de Ginebra deberán huir, que la prosperidad del pasado será convertida por el tiempo en la ruina de la guerra ("Saturno de oro en hierro cambiará") y que dicho jefe islámico de origen persa "los exterminará a todos" y que antes de ello, como seña fatal, "el cielo hará signos", fenómeno esto último que como siempre, es imposible determinar con anticipación:

IX-44
Emigrad, emigrad de Ginebra todos,
Saturno de oro en hierro cambiará,
en contra Raypoz exterminará a todos,
antes del acontecimiento el cielo hará signos.

Migrés, migrés de Genesue trestous,
Saturne d'or en fer se changera,

Le contre Raypoz, exterminera tous,
Avant l' advent le ciel signes fera.

Igualmente, en II-64 se habla de la suerte aciaga de los habitantes de esta ciudad quienes, a pesar de abrigar alguna esperanza de recibir ayuda, no la obtendrán pues "la flota en el gran puerto no podrá ser acogida", sin que quede claro de qué puerto se trata:

II-64
Morir de hambre, de sed, habitantes de Ginebra,
desfallecerá la próxima esperanza,
en la ocasión temblorosa será la ley ,
la flota en el gran puerto no podrá ser acogida.

Seicher de faim, de soif, gent Genevoise,
Espoir prochain viendra au défaillir,
Sur point tremblant sera loy. Gebenoise,
Classe au grand port ne se peu accueillir.

Según J. Ch. de Fontbrune, la palabra *Gebenoise* alude a los gebanitas, pueblos de la, antiguamente llamada, Arabia feliz, aunque otras traducciones hablan de genoveses. Pero podría más bien pensarse que se trata de la palabra "Genevois" (ginebrino), erróneamente transcrita, errores muy comunes en las distintas ediciones de las *Centurias*, ya se ha dicho. Esto tendría más sentido pues, seguramente, lo que se quiere expresar es que las instituciones de Ginebra, notables en muchos aspectos, temblarán por el peligro de caer.

Otra cuarteta que se refiere, posiblemente, a estos mismos hechos es la IV-9 cuyo texto dice:

IV-9
El jefe del campo en medio de dura tarea
de un flechazo será herido en el muslo,
cuando Ginebra entre lágrimas y desolación,
será traicionada por Lausana y por los suizos.

Le chef du camp au milieu de la presee,
D'un coup de flèche sera blessé aux cuisses,
Lors que Genève en larmes & détresse,
Sera trahie par Lozan & Souysses.

No debe asombrarnos el anacronismo de hablar de "flechas" en pleno siglo XXI, pues ya sabemos que el profeta usa este recurso literario no sólo para nombrar lugares por sus nombres antiguos, sino que hace lo propio con determinados objetos, lo cual es natural si se tiene en cuenta la extrañeza que para él tendrían las cosas y armas que percibía en sus visiones del futuro, como lo vemos, por ejemplo, cuando habla de un "pez de hierro" para hablar del submarino. Lo cierto es que esta cuarteta, concuerda perfectamente con las anteriores y corresponde a hechos futuros, pues Ginebra no ha sufrido nunca semejante desastre por causa de la guerra, aunque fue ocupada por los franceses en 1798. El incidente a que alude la línea final en lo que se refiere a una traición de los de Lausana y otros cantones suizos, no puede determinarse con anterioridad, toda vez que no existe ninguna otra cuarteta que permita inferir a qué circunstancias se refiere este episodio.

Seguramente, en forma casi simultánea, otra columna invasora se ha dirigido a Polonia, país que al parecer presenta poca resistencia a los islámicos, pues no se menciona ninguna gran batalla en el nordeste de Europa. Los intrusos instalan un gobierno títere que persigue a la Iglesia católica que, como sabemos, tiene fuerte arraigo entre los polacos. Por eso la cuarteta V-73 dice que "estarán los árabes a los polacos aliados", lo que, si se tiene en cuenta la interpretación indicada, no tiene nada de extraño como a algunos les parece, pues se trata de una alianza entre el invasor extranjero y los gobernantes del país, que han claudicado ante ellos. Así ocurrió, por ejemplo, durante la segunda guerra mundial con el gobierno del mariscal Petain en Vichy:

V-73
La Iglesia de Dios será perseguida,
y serán expoliados los templos santos,
la madre pondrá a su hijo desnudo en camisa,
los árabes serán aliados de los poloneses.

Persecutee sera de Dieu l'Eglise,
Et les saints Temples seron expoliez,
L'enfant, la mère mettra nud en chemise,
Seront Arabes aux Polons ralliez.

No se sabe qué se quiere decir con la expresión de la tercera línea, pero la cuarteta es bien clara en su conjunto.

Aunque es difícil, por no decir imposible, establecer una cronología clara, en este momento de la guerra o simultáneamente con algunos de los sucesos ya reseñados, se produce un acontecimiento decisivo en la contienda y que por sus implicaciones de todo orden marca definitivamente el curso de los acontecimientos.

LA CAÍDA DE ROMA

Después de su arrollador avance por el oriente de Europa, desde allí, y gracias a su completo dominio del Adriático y de todo el Mediterráneo, los musulmanes incursionarán hacia el centro de Italia, después de derrotar a los franceses por mar y por tierra en el norte de la península. En este momento los invasores han atacado a España y también a Francia, como ya se ha referido. En la siguiente cuarteta hay una frase reveladora en la que Nostradamus habla claramente de la aviación de guerra, hecho realmente asombroso ya que, para su época, era ciertamente inimaginable que un ejército pudiese "traspasar el cielo", además de cruzar las aguas y la nieve.

II-29
El oriental saldrá de su sede,
pasará los Apeninos y verá la Galia:
Traspasará el cielo, las aguas y la nieve,
y a cada uno golpeará con su vara.

L'Oriental sortira de son siège
Passé les monts Apennins voir la Gaule:
Transpercera le ciel, les aeux & neige
Et un chacun frappera de sa gaule.

Los franceses, a quienes en varias estrofas llama "celtas", tratan de oponerse al avance musulmán en el nor-

Atribuido a Alberto Durero, Destrucción de Sodoma y Gomorra, *grabado, siglo* XV. *En:* Der Ritter vom Turn, *editorial Walter Uhl, 1970.*

te de Italia, pero sufren grandes derrotas, al tiempo que las tropas italianas ("los romanos") huyen; se libran combates de resultado incierto cerca del Tesino y del Rubicón (hoy Fiumicino), el famoso río tributario del Adriático, cruzado por César al iniciar la guerra civil romana en el año 49 a. C.

II-72
El ejército celta es vejado en Italia,
en todas partes luchan y sufren grandes pérdidas.
¡Los romanos huyen! ¡Oh Galia rechazada!
Cerca de Tesino, por el Rubicón la lucha será incierta.

Armee Celtique en Italie vexée,
De toutes parts conflict & grande perte,
Romains fius, o Gaule repoulsee,
Pres du Thesin Rubicon pugne incerte.

Los galos (gentes de Tarn, Loth y Garona, regiones todas ellas del sudoeste de Francia, de donde posiblemente provendrán las tropas que lucharán en Italia) sufrirán total derrota cerca de Ancona y en las proximidades de Roma, pues serán aniquiladas por un jefe musulmán de "pelo negro y crespo":

III-43
Gentes de los alrededores de Tarn, Loth y Garona
evitad pasar por los montes Apeninos,
vuestra tumba cerca de Roma y Ancona,
el pelo negro y crespo hará trofeo levantar.

Gens d'alentour de Tarn, Loth & Garonne,
Gardez les monts Apennines passer,

Vostre tombeau pres de Rome & d'Ancône
Le noir poil crespe fera tropher dresser.

En este momento, los musulmanes desembarcan en Italia por la costa oeste, indicando Nostradamus que su jefe vendrá en submarino ("un pez de hierro"), cerrado como una carta. Esto coincide con lo que se dice en III-13: "cuando la flota nade sumergida" (*quand submergee la classe nagera*):

II-5
Cuando dentro de un pez, hierro y carta cerrada,
afuera salga el que luego hará la guerra
tendrá por mar su flota preparada,
surgiendo cerca de la Latina tierra.

Qu'en dans poisson, fer & lettre enfermee
Hors sortira, qui puis fera la guerre,
Aura par mer sa classe bien ramee,
Apparoissant près de Latine terre.

En IV-4 se reitera lo dicho en versos anteriores al tiempo que se habla de un "impotente príncipe enfadado", posiblemente el jefe musulmán, antes aludido, quien se lamenta de no poder impedir la fuga masiva del ejército francés de Italia. En todo caso se precisa que su ejército es grande tanto por tierra como por mar, ya que su armada presenta "infinitas velas". Al hablar esta cuarteta de "gallos y libios", se confirma el hecho de que la lucha, en esta etapa de la guerra, se cumplirá en Italia principalmente entre los franceses y los islámicos de origen libio, circunstancia que, al igual que lo que ocurre con los sucesos referidos en otras cuartetas, por no haber ocurrido nunca antes, claramente alude a episodios futuros.

IV-4
El impotente príncipe enfadado, lamentos y querellas,
de rapiñas y saqueos por gallos y por libios:
Grande es por tierra, por mar infinitas velas,
sola Italia estará expulsando célticos.

L'impotent prince fâché, plaincts & querelles
De rapts & pillé, par coqz & par Libyques:
Grand est par terre mer infinies voilles,
Seule Italie sera chassant Celtiques.

Después de hablar de algunas acciones de espionaje, en IV-66, se refieren dos hechos sorprendentes: el envenenamiento de las aguas en la ciudad de Génova, acto genuinamente terrorista, terminantemente prohibido por el Derecho Internacional Humanitario, y lo que parecen ser actos de antropofagia entre los hambrientos habitantes de Génova, ciudad a la que los invasores han puesto sitio:

IV-66
Bajo el color fingido de siete cabezas rapadas
serán esparcidos diversos exploradores,
pozos y fuentes rociados de venenos.
Al fuerte de Génova humanos devoradores.

Sous couleur fainte de sept testes rasées,
Seront semez divers explorateurs,
Puits & fontains de poisons arrousees,
Au fort de Gennes humains dévorateurs.

Después de estos sucesos, Génova finalmente cae en poder de los islámicos ante la retirada de los ejércitos franceses que, para evitar mayores pérdidas, se ven obligados a escapar por un lugar que es identificado por tener "pavimento de roca y pizarra":

VII-39
El conductor del ejército francés
temiendo perder la principal falange,
por encima del pavimento de roca y pizarra,
penetrará por Génova gente extranjera.

Le conducteur de l' armee Francoise,
Cuidant perdre le principal phalange,
Par sus pavé de l' avaigne & d'ardoise,
Soy parfondra per Gennes gent estrange.

Mientras tanto, y después de los incidentes que a continuación se relatarán, las tropas albanesas del gran ejército musulmán, probablemente instalado en Bosnia y en la costa adriática, invadirán a Italia y, finalmente, entrarán en Roma. Recordemos que la gran mayoría de la población de Albania es de religión islámica y que este país es vecino de Italia, circunstancias que hacen muy factible que sea precisamente un ejército albanés el que invada el centro de la península.

IV-98
Los albaneses atravesarán Roma,
mediando Langres semidespoblada segura,
el marqués y el duque no perdonarán al hombre
fuego, sangre, mortandad, sequía, trigales marchitos.

Les Albanois passeront dedans Rome,
Moyennant Langres demipler assublés,
Marquis & Duc ne pardonnes à l'homme,
Feu, sang, morbilles point d'eau, faillir les blés.

No es claro a qué aluden las dos líneas intermedias al citar a Langres, que es una ciudad situada al este de Francia; al parecer son hechos muy posteriores que posiblemente se refieren a la entrada de los franceses a Roma después del triunfo occidental, y con este motivo, tanto el gobernante civil como el jefe militar, tomarán represalias ("el marqués y el duque no perdonarán al hombre"); esto quizá se relacione con lo referido en VII-4, estrofa que sugiere que el duque de Langres atravesó los Apeninos para atacar a Ancona, después de lo cual, posiblemente, entra en Roma. También se alude allí a que la Ciudad Eterna quedará semidespoblada, lo que ocurrirá, no sólo por efecto de la guerra, sino principalmente por la peste que ha sufrido debido al ataque bacteriológico provocado por el enemigo, tal como se verá seguidamente. Ya sabemos que en la obra del profeta, a veces, los tiempos se mezclan en forma tan desconcertante como de gran efecto descriptivo.

En igual sentido los siguientes versos:

IV-80
Cerca del gran río, gran fosa en la tierra agreste
el agua se dividirá en quince partes,
la ciudad será tomada: fuego, sangre, gritos, conflicto,
y la mayor parte concierne al coliseo.

Près du grand fleuve, grand fosse, terre egeste,
En quinze pars sera l'eau divisée:

La cité prinse, feu, sang, cris, conflict mettre,
Et le plus part concerne au colisée.

Al hablar del coliseo, tenemos una clara indicación de que estas estrofas se refieren a la ciudad de Roma, que se identifica aquí por el famoso anfiteatro terminado por el emperador Tito en el año 80 de nuestra era. No se trata de "colisión", como se dice en algunas traducciones, pues la palabra empleada por el autor es *colisée,* coliseo y no *collision.* El gran río, por lo tanto, debe ser el Tíber, que posiblemente será atravesado por los invasores por quince puntos diferentes.

Sin embargo, Roma no será totalmente destruida por los atacantes, aunque se desatará una peste terrible que diezmará gran parte de su población. Esta peste será causada intencionalmente y se usará el correo para difundir las esporas portadoras del virus ("por carta hará estragos muy horribles"). De poco servirán, según parece, las vacunas que se aplicarán masivamente a toda la población: "hierro puntiagudo metido en todos hasta la empuñadura". Esta última frase es bien descriptiva y demuestra que Nostradamus, no sólo presentía los acontecimientos futuros, sino que los veía en su propia mente o proyectados afuera en superficies brillantes, de acuerdo con el método que los investigadores llaman *hialoscopia:*

X-65
¡Oh vasta Roma!, tu ruina se aproxima,
no de tus muros, de tu sangre y sustancia:
El áspero por carta hará estragos muy horribles,
hierro puntiagudo metido en todos hasta la
[empuñadura.

O vaste Rome ta ruyne s'approche.
Non de tes murs, de ton sang & substance:
L'aspre par lettre fera si horrible coche,
Fer poinctu mis 'a tous iusques au manche.

Al decir que la ruina de la gran ciudad será, no de sus muros, es decir de sus edificaciones, sino de su "sangre y sustancia", se sugiere claramente que se trata de algo que afectará la sangre de sus habitantes, algo que el vidente llama "el áspero", o sea la peste; el polvo será enviado por correo y contiene los gérmenes invisibles de una terrible enfermedad. No se trata pues, como se interpretó generalmente, de palabras ásperas enviadas por correo las que producen semejantes estragos. Desde luego que antes del once de septiembre y del terrorismo biológico desatado en los Estados Unidos, era muy difícil imaginar tales circunstancias. Pero hoy, creemos que es bien claro que en la próxima guerra, se utilizarán intensamente estos terribles medios, al parecer en reemplazo de las armas atómicas.

Se puede especular que, en un principio, las tropas occidentales obtendrán algunas victorias en su defensa de la Ciudad Eterna, pero al final los enemigos triunfarán, muy posiblemente, por medio de la guerra biológica.

Parece suficientemente claro que quienes atacarán a Roma y asolarán vastas regiones en el interior de Italia son principalmente, según viene de decirse, las tropas musulmanas de origen albanés, provenientes de la costa occidental de los Balcanes (la antigua Dalmacia), vecinos próximos de la península italiana. Ya sabemos que los libios han atacado principalmente el litoral, tanto en el Adriático como en los mares Jónico y Tirreno. En II-84 se nombran algunas de tales regiones de tierra firme y, figuradamente, se dice que "la extraña lengua de Dalmacia correrá adelante devastando toda la tierra". Tales hechos serán coetáneos con una gran sequía que durará exactamente seis meses y nueve días:

II-84
Entre Campania, Siena, Florencia, Tuscia (Etruria y [Umbría)
no caerá una gota en seis meses y nueve días.
La extraña lengua de Dalmacia
correrá delante devastando toda la tierra.

Entre Campaigne, Sienne, Flora, Tustie,
Six mois neuf iours ne pleuvera una goutte:
L' estrange langue en terre Dalmatie,
Courrira sus, vastant la terre toute.

CISMA Y PERSECUCIÓN A LA IGLESIA

Antes de la batalla decisiva por el control de la Ciudad Eterna, el papa, acompañado de gran parte de la curia romana ("la mayor parte nadará") habrá huido hacia el norte, seguramente protegido por tropas francesas, pero en Reggio (Emilia), caerá víctima de un atentado, después de lo cual se librarán grandes batallas cerca del Tíber:

II-57
Antes de la batalla el grande caerá:
El grande ha muerto de una manera muy repentina y [sentida.
En la nave imperfecta la mayor parte nadará,
junto al río la tierra se teñirá de sangre.

Avant conflict le gran tombera:
Le grand 'a mort, mort trop subite & plainte,
Nay mi parfaict, le plus part nagera,
Auprès du fleuve de sang la terre tainte.

En X-70 se dan más detalles sobre este magnicidio y se indica que un proyectil, esquirla o arma blanca (puñal, daga, etc.) alcanzará al pontífice en un ojo:

X-70
El ojo por ese objeto hará tal excrecencia,
será tanta y tan ardiente que fundirá la nieve,

Según Nostradamus y san Malaquías, el próximo papa será el último en recibir las llaves de la sede pontificia. *En: Francis X. King y Stephen Skinner,* Nostradamus, *Círculo de Lectores, 1993.*

en el campo irrigado vendrá la caída
y el primado sucumbirá en Reggio.

L'oeil par object fera telle excroissance,
Tant & ardente que tombera la neige
Champ arrousé viendra en décroissance,
Que le primat succombera á Rege.

Después de esta muerte, que será "muy repentina y sentida" se tratará de elegir al sucesor del pontífice asesinado, lo que ocurrirá en medio de grandes controversias y discordias entre los mismos cardenales ("sombreros rojos"); esto sucederá justo en el momento en que los invasores musulmanes inician su ataque a Roma:

V-46
Querellas y nuevos cismas, promovidos por
[sombreros rojos,
cuando hayan elegido al de Sabina.
Se producirán contra él grandes sofismas
y Roma será herida por los albaneses.

Par chapeaux rouges querelles & nouveaux scismes,
Quand on aura esleu le Sabinois:
On produira contre luy grands sophismes,
Et sera Rome lesee par Albanois.

De esta elección muchos dirán que fue fraudulenta y tales versiones circularán en medio de los grandes combates que se libran en la propia Ciudad Eterna, en donde algunos templos ya han sido profanados ("de sangre capilla teñida").

Toda esperanza estará entonces perdida y el gobierno de la Iglesia pasará finalmente a otro papa ("a otro el imperio entregado"). De paso digamos que no es muy convincente argumentar, como lo hace de Fontbrune, que los albaneses son los seminaristas de San Albano seguidores de monseñor Lefebvre obispo disidente, porque entonces habría que decir que dichos seminaristas están armados hasta los dientes, toda vez que según IV-98 entrarán en Roma "causando fuego, sangre, muertos...". Este es un buen ejemplo de una exégesis fuera de contexto, que lleva a interpretaciones que aisladamente podrían ser más o menos aceptables, pero que en su conjunto aparecen evidentemente erróneas, incluso absurdas.

VIII-20
El falso mensaje por elección fingida
correr por urbe destrozada, esperanza perdida,
voces aceptadas, de sangre capilla teñida
y a otro el imperio entregado.

Le faux message par élection fainte
Courir par urben rompue pache arreste,
Voix acheptees, de sang chapelle tainte,
Et 'a un autre l'empire contraicte.

El discutido papa será oriundo de la región de Sabina, próxima a Roma, y su elección no sólo se hará en medio de grandes controversias sino que, ante la inminente caída de la ciudad en manos de los mahometanos, los gobiernos de Francia y España –que todavía resisten la invasión enemiga– acompañados probablemente por el de Gran Bretaña, promueven el cambio de la Santa Sede y su traslado a Francia, a la ciudad de Aviñón, que había sido sede pontificia durante la Edad Media (1309-1378). Un grupo de cardenales, decide entonces, nombrar otro papa, produciéndose así, un gran cisma en la Iglesia. Este es otro notable hecho que no ha ocurrido después de escritas las profecías, y que es vaticinado en forma inusualmente clara:

VIII-99
Por el poderío de tres reyes temporales,
la Santa Sede se mudará a otro lugar:
Donde la sustancia del espíritu corporal,
será entregada y recibida por verdadera sede.

Par la puissance des trois Rois temporels,
En autre lieu sera mis le sanict siège:
O'u la substance de l' esprit corporel,
sera remis & receu pour vray siége.

El segundo papa elegido no será español, como se creía, sino francés; tratará, en principio, de entenderse con los islámicos ("al enemigo le otorga fianza"), pero ello es inútil, pues estos continúan sus hostilidades, recordémoslo, con el uso de armas biológicas; gracias a ellas, los enemigos se apoderarán finalmente de Roma ("su reino asolará con una peste cruel"):

V-49
Nadie de España, sino de la vieja Francia,
será elegido para gobernar la temporal navecilla.
Al enemigo le otorga fianza
quien su reino asolará con una peste cruel.

Nul de l' Epaigne, mais de l'antique France
Ne sera es leu pour le tremblant nacelle
A l' ennemy sera faicte fiance,
Qui dans son règne sera peste cruelle.

La comparación de la Iglesia con una nave, es una metáfora común en la literatura y obedece a la condición de pescador de san Pedro, primer papa. El elegido será el obispo de Sens (Yonne, centro de Francia) escogido gracias a la decisiva influencia e intrigas de un dignatario eclesiástico procedente de Gascuña, en los Pirineos franceses. Quizá el sueño mencionado en la primera línea de la cuarteta siguiente sugiere que el elegido sería el cardenal español, cuya elección parecía al principio asegurada.

VI-86
Al día siguiente del sueño del gran prelado,
interpretado contra su sentido,
llegará un monje de Gascuña,
que hará elegir al gran prelado de Sens.

Le grand Prélat un iour apres son songe
Interpreté au rebours de son sens,
De la Gascongne luy surviendra un monge
Qui fera eslire le grand Prélat de Sens.

El papa francés se dirige apresuradamente a su nueva sede en Aviñón, mientras el papa sabino permanece todavía en la Ciudad Eterna. Al llegar el primero a Francia, ésta ya ha sido invadida por los musulmanes y se libran violentas batallas en Provenza y en toda la región del Ródano. Al enterarse del saqueo de la basílica de

San Pedro y de la "gran pestilencia" que se ha desatado en Roma como resultado de la guerra bacteriológica, el papa ("el rey huido injustamente"), sentirá gran compasión, pero se abstendrá de maldecir a los invasores:

VIII-62
Cuando se vea expoliar el templo santo,
el más grande del Ródano, y lo sagrado profanado,
por ellos nacerá tal pestilencia
que el rey huido injustamente no los condenará.

Lors qu'on verra expiler le saint temple,
Plus grand du rosne leurs sacrez prophaner
Par eux naistra pestilence si ample,
Roy fuit injuste ne fera condamner.

El vidente alude a grandes prodigios durante esta época, incluyendo lo que parece ser una explosión atómica ("una nube hará aparecer dos soles"), pero no se indica dónde ocurrirá esto, ni es claro el evento astronómico que, en II-41, se anticipa cuando "un gran pontífice cambie de territorio":

II-41
La gran estrella arderá durante siete días,
una nube hará aparecer dos soles.
El gran mastín aullará toda la noche
cuando un gran pontífice cambie de territorio.

Le grand estoille par sept iours bruslera,
Nuée fera deux soleils apporoir,
Le gros mastin toute nuict hurlera,
Quand grand pontife changera de terroir.

Los invasores, como se ha venido explicando, cometerán toda clase de vejaciones y crímenes en contra de los eclesiásticos:

VIII-98
La sangre de la gente de Iglesia será derramada
como el agua lo es por su abundancia
y durante un largo tiempo no será agotada.
¡Ay del clérigo! ¡Ruina y lamento!

Des gens d'Eglise sang sera espanché,
Comme de l'eau en si grande abondance
Et d'un long temps ne sera restanché
Ve ve au clerc ruyne & doléance.

Y ante estos luctuosos acontecimientos, en I-53 exclama conmovido el vidente:

I-53
¡Ay! Como un gran pueblo puede ser atormentado
y la ley santa sufrir total ruina por otras leyes.
Toda la cristiandad turbada,
Cuando se encuentren nuevas minas de oro y plata.

Las qu'on verra grand peuple tourmenté,
Et la loy saincte en totale ruine,
Par autres loix toutes la Chrestienté
Quand d'or d'argent trouve nouvelle mine.

Las minas de oro y plata a que alude la última línea son, seguramente, los grandes tesoros del Vaticano, saqueados por los invasores albaneses.

Entonces el papa sabino, que al parecer es *Pedro el romano*, de que habla san Malaquías, ante la violencia y ultrajes de los invasores en contra del clero y de la Iglesia, decide también abandonar la ciudad y logra embarcarse, en secreto posiblemente, cerca de la desembocadura del Tíber, pero pronto es capturado por los musulmanes:

V-15
Un gran pontífice será tomado cautivo mientras navega.
Un gran apresto fallido, tumulto entre los clérigos:
El segundo elegido estará ausente, sus bienes serán [distribuidos,
su bastardo preferido será condenado a muerte.

En navigant captif prins grand Pontife,
Grand aprets faillir les clercs tumultuez:
Second esleu absent son bien debige,
Son favory bastard 'a mort tué.

La fuga del último papa ha sido descrita por varios videntes en términos similares y muy dramáticos. Recordemos la profecía de san Malaquías que, expresamente, habla de *Pedro el romano* el último papa en estos términos: "Durante la última persecución a la santa Iglesia romana, se sentará en la silla de san Pedro, *Pedro el romano*, que cuidará de sus ovejas en medio de numerosas tribulaciones. Una vez concluidas, la ciudad de las siete colinas será destruida y el temible juez juzgará al pueblo". Por su parte san Pío X, poco antes de morir en 1914, habló de una visión suya en la que un papa, "huyendo por entre los cadáveres de sus hermanos, se refugiará de incógnito en alguna parte y después de un breve respiro, morirá de muerte cruel...". Según esta profecía, dicho papa se llamará también Giuseppe como san Pío X. Por su parte Jean Dixon, la famosa síquica norteamericana que predijo dos años antes el asesinato de Kennedy, mientras oía misa en 1958 en la catedral de San Mateo en Washington, de repente tuvo una visión en la que se le mostraba claramente el trono del sumo pontífice en Roma, vacío. Es sorprendente la coincidencia entre vaticinios de tan diverso origen y época.

En II-93 se repite la idea del cautiverio del papa y de la destrucción de grandes edificios romanos:

II-93
Cerca del Tíber, hacia la Libitina
un poco antes de una gran inundación:
El jefe de la nave preso en la sentina,
un castillo y un palacio en conflagración.

Bien prés du Tymbre presse la Lybitine,
Un peu devant grand inondation:
Le chef du nef prins, mis 'à la sentine,
Chasteau, palais en conflagration.

Figuradamente, estas estrofas hablan de la muerte que acecha, pues la Libitina era la diosa romana que presidía los funerales; la "gran inundación" no es otra cosa que la masiva irrupción musulmana sobre Roma, después de la derrota definitiva de sus defensores. Tengamos en cuenta que, de acuerdo con el contexto que se infiere de las diversas cuartetas, la Ciudad Eterna sólo será tomada por el enemigo luego de un tiempo más o menos prolongado, después de varios intentos fallidos y gracias, principalmente, al uso de armas biológicas. La nave, como sabemos, es la Iglesia y su jefe, el papa, es arrojado a la sentina de un barco enemigo, es decir, a la cavidad inferior situada sobre la quilla. Como se ve, Nostradamus hace aquí un equívoco juego con conceptos relativos a la navegación. En estos críticos momentos el castillo de Sant Angelo y los palacios del Vaticano son presa de las llamas: "un castillo y un palacio en conflagración".

Al conocerse la noticia de la captura del papa sabino, fallidamente se trata de elegir a un sucesor en medio de grandes tumultos; el papa francés ("el segundo elegido"), como hemos visto, ha salido de Roma un tiempo antes. Los islámicos saquean entonces los bienes eclesiásticos del papa cautivo y condenan a muerte a uno de sus cardenales más fieles, quien al parecer se ha encargado del gobierno de la desfalleciente Iglesia y de quien sólo se sabe que es persona de origen humilde o hijo ilegítimo.

Luego de su captura, el papa sabino sufrirá graves problemas de salud tal vez víctima del ántrax u otro germen patógeno y probablemente morirá en Túnez, donde es conducido por los mahometanos junto con otros cautivos:

X-56
El prelado real su salud disminuyendo demasiado,
un flujo de sangre saldrá por su boca,
el reino anglicano por reino respirado,
largo tiempo moribundo en Túnez como cepa.

Prélat royal son baissant trop tiré,
Grand flux de sang sortira par sa bouche
Le règne Anglicque par regne respiré,
Long temps mort vifs en Tunis comme souche.

Es difícil aclarar a qué se refiere la penúltima línea que alude, al parecer, a los ingleses. Tal vez signifique que algunos prófugos lograrán asilarse en el Reino Unido, pero muchos, incluyendo quizás al papa sabino, permanecerán prisioneros en Túnez como se explicó. Mientras tanto, al llegar el papa francés a su nueva sede, los musulmanes ya han invadido Provenza librándose fuertes combates no lejos de Aviñón, razón por la cual el pontífice se ve obligado a instalarse provisionalmente en la ciudad de Lyon, también sobre el Ródano pero más arriba, en la confluencia de dicho río y el Saona. Pero ni allí puede estar seguro, pues este papa, al que Nostradamus llama "pontífice de Roma" para recalcar su legitimidad como jefe de la Iglesia católica, y algunos de sus colaboradores, son víctimas de un atentado durante la primavera ("cuando florezca la rosa"):

II-97
Pontífice de Roma, ten cuidado de acercarte
a la ciudad regada por los dos ríos,
tu sangre será escupida allí
para ti y los tuyos cuando florezca la rosa.

Romain Pontife garde de t' approcher,
De la cité que dieux fleuves arrouse,
Ton sang viendra auprès de la cracher,
Toy & les tiens quand fleurira la rose.

No está claro si este papa morirá en este atentado o solamente será herido, pero lo cierto es que, después de un tiempo, y cuando los occidentales hayan consolidado sus victorias en Francia, los papas, tal como lo hicieron en la Edad Media durante muchos años, gobernarán la Iglesia desde la ciudad de Aviñón que, como veremos más adelante, también será la sede provisional del reino de *Chirén* (Enrique V). Así, los ciclos históricos extrañamente parecen repetirse, acaso de acuerdo con las creencias del "eterno retorno".

El gobierno de la Iglesia desde Aviñón durará unos diecisiete años, tiempo durante el cual habrá cinco papas, seguramente todos franceses. Al fallecer el último, se habrá firmado el armisticio entre Enrique V y Selin en virtud del cual la paz reina en Italia. Por esta razón, muchos reclaman el restablecimiento de la sede pontificia en la ciudad de Roma, lo cual genera una gran controversia que impide la pronta elección de un nuevo pontífice; se encarga entonces del gobierno de la Iglesia al secretario de Estado, quien, como representante de los intereses de la poderosa curia, dominada ahora por los franceses, no estará de acuerdo con que se establezca la sede pontificia nuevamente en la Ciudad Eterna. Esta interpretación se fundamenta en que si se eligiera un nuevo papa, ya el período de los pontífices de Aviñón sería de más de diecisiete años y serían más de cinco los papas, lo cual estaría en contravía de lo que la cuarteta vaticina:

V-92
Después de la sede mantenida diecisiete años,
cinco cambiarán en ese término,
luego será elegido al mismo tiempo
quien no estará demasiado conforme con los romanos.

Apres le siège tenu dix sept ans,
Cinq changeront en tel revolu terme:
Puis sera esleu de mesme temps,
Qui des Romains ne sera trop conforme.

Al parecer, estos hechos darán origen a un nuevo cisma en la Iglesia como ocurrió también en el pasado cuando se intentó restablecer la sede pontificia nuevamente en Roma. La clave de esta interpretación es la expresión "al mismo tiempo" que emplea la cuarteta que acaba de citarse, pues así se da a entender que, simultáneamente con el encargo al secretario de Estado, también se ha elegido un papa posiblemente en Roma y, bajo la tutela de los musulmanes, algo similar a lo ocurrido en el Tíbet con el Panchen Lama.

La cuarteta VI-53 permite pensar que un influyente cardenal francés ha entablado, por esa época, negociaciones secretas con los musulmanes, lo que lo hace sospechoso a los ojos del rey *Chirén* y lo obliga a salir clandestinamente de Francia, parece que con el apoyo de los británicos. Luego viaja discretamente o envía emisarios a algunas ciudades dominadas por los islámicos (Estambul, Chipre, Túnez), a fin de establecer las condiciones del regreso del papado a la sede romana, asunto que es de especial interés político, tanto para los cristianos como para los mahometanos:

VI-53
El gran prelado céltico sospechoso a los ojos del rey
de noche saldrá del reino por curso
por un duque fiel a su gran rey británico,
de Bizancio a Chipre y Túnez sin sospechas.

Le grand Prélat Celtique 'a Roy suspect,
De nuict par cours sortira hors du règne:
Par Duc fertile 'a son grand Roy Bretaigne,
Bisance 'a Cypres & Tunes insuspect.

En VI-30 se confirma lo que el vidente juzga como una "traición a la sede", lo que ocurre al tiempo que se cumplen algunos movimientos militares en Bélgica (Brabante y Lieja):

VI-30
Por la apariencia de falsa santidad
será traicionada por los enemigos la sede.
Noche en que se confiaba dormir con seguridad
cerca de Brabante irán los de Lieja.

Par l'apparence de faincte saincteté
Sera taby aux ennemis le siège:
Nuict qu'on cuidoit dormir en seureté
Près de Braban marcheront ceux de Liege.

De acuerdo con lo expuesto, al parecer, el cardenal traidor "que aparenta falsa santidad", será elegido papa simultáneamente con la elección del secretario de Estado en Aviñón pero, después de siete meses, la muerte lo sorprenderá, profundizando el cisma en la Iglesia. Finalmente, sólo se volverá a la unidad mediante un acuerdo firmado en Venecia, en el cual intervienen tanto representantes del rey francés como del gobernante musulmán, pues esto se hará en el marco de los acuerdos que formalizan un armisticio entre los franceses y los islámicos, según se detallará más adelante:

VIII-93
Sólo siete meses durará su prelatura,
su deceso causará un gran cisma.
Durante siete meses tendrá otro la pretura,
cerca de Venecia renacerán la paz y la unión.

Sept mois sans plus obtiendra prélature
Par son decez grand scisme fera naistre
Sept mois tiendra un autre la pretura,
Pres de Venise paix union renaistre.

Esta cuarteta es correlativa con la que habla del fin de los papas de Aviñón (V-92), toda vez que se habla de una insólita distinción entre la prelatura, es decir la máxima dignidad eclesiástica y la pretura que es el ejercicio de una potestad de gobierno y justicia como la que tenían los pretores de la antigua Roma, palabra de la que deriva el término "pretura", que emplea la estrofa. Estas funciones, en el gobierno de la Iglesia, que es una monarquía absoluta, siempre deben concentrarse en una sola persona, el papa, y si se habla de ellas separadamente ("otro tendrá la pretura"), es porque se ha presentado una situación que anuncia el inminente cisma: por una parte el gobierno de la Iglesia se continúa ejerciendo desde Aviñón, pero al mismo tiempo hay un papa en Roma bajo la tutela de los invasores. Seguramente pueden plantearse otras hipótesis, pero de todos modos, queda claro que habrá dos gobiernos simultáneamente en la Iglesia.

Restablecida la sede del papado en Roma, en virtud de los acuerdos de Venecia, se elige un papa del que no se dan mayores datos, pero que sabemos es el que Nostradamus llama *el augur*, quien, como supremo pontífice, coronará a Enrique V como emperador del nuevo Sacro Imperio romano.

Este papa durará cuatro años en sus funciones, luego del cual le sucederá otro papa que, como ya ha ocurrido con anterioridad en la milenaria historia de la Iglesia, dejará mucho que desear por su vida licenciosa:

VI-26
La sede se mantendrá unos cuatro años,
uno de vida libidinosa sobrevendrá,
Rávena, Pisa, Verona sostendrán su poder
para alzar la cruz de papa en vida.

Quatre ans le siège quelque peu bien tiendra,
Un surviendra libidineux de vie,
Revenne & Pyse, Veronne soustiendront,
Pour elever la croix de Pape en vie.

No está claro qué pasará con la sede pontificia cuando se reanuden las hostilidades luego de roto el armisticio que, como se verá, habrá dado la paz al mundo por trece años. Lo más probable es que ante la reiniciación de la guerra, el papa deba abandonar nuevamente la Ciudad Eterna, pero no aparece ninguna cuarteta que en forma clara dé alguna indicación al respecto. También se puede pensar que, por conveniencias políticas, los islámicos permitirán que el papa continúe en Roma bajo la tutela del gobierno musulmán y esto, unido a su no muy edificante vida, será motivo de gran perjuicio para la Iglesia como también, de fuertes polémicas.

En V-56, al parecer, se confirma la cuarteta que acaba de citarse, pues se habla de un pontífice que, después de la muerte de otro muy viejo (probablemente el *augur* ya mencionado), dañará la sede, al parecer con su vida escandalosa y su connivencia con los enemigos:

V-56
Tras la muerte del muy anciano pontífice
será elegido un romano de buena edad,

de él será dicho que a la sede dañará
y largamente y con una obra polémica.

Par le trespas de tres vieillard Pontife
Sera esleu Romain de bon aage,
Qui sera dict que la siège debiffe
Et long tiendra & de piquant ouvrage.

Todos los hechos anteriores, relativos a la Iglesia y al Papado, se han reseñado de una sola vez para presentar una visión de conjunto de lo que ocurrirá con tan importantes instituciones, a las que Nostradamus juzgaba, no sólo como fiel creyente que era, sino también como verdadero historiador, fundamentales para la identidad cultural de Occidente. Sin embargo, debe tenerse muy en cuenta la larga duración de tales acontecimientos y esto, unido al hecho de no contar con fechas ciertas, acentúa la gran dificultad para su clara comprensión, y sobre todo, para hacer las correlaciones temporales necesarias con otros sucesos.

En síntesis, y siempre de acuerdo con la interpretación contextual que propugnamos, podemos decir que, durante los diecisiete años de los nuevos papas de Aviñón, Francia, y con ella el Occidente entero, han librado la más decisiva batalla de toda su historia por su supervivencia, logrando al fin, bajo el gobierno del rey Enrique V y con el respaldo masivo de británicos y norteamericanos, derrotar definitivamente a los invasores islámicos y expulsarlos de todo el continente europeo.

LA BATALLA DE FRANCIA

Los hechos bélicos ocurridos en la patria del vidente, naturalmente ocupan una gran parte de sus escritos en los cuales se nombran las más importantes ciudades de Francia. Pero tengamos en cuenta que, como se sabe, no todos los episodios referidos por Nostradamus aluden a la tercera guerra mundial y, por ello, con frecuencia se vuelve difícil discernir cuáles corresponden a hechos ya cumplidos, y cuáles son auténticos vaticinios de nuestro inminente futuro.

Pese a esta gran dificultad, si logramos identificar, así sea tentativamente, aquellos sucesos que ya han tenido su cumplimiento, podremos entonces plantear que los demás corresponden al futuro, y es esto lo que haremos seguidamente, con una selección de las principales cuartetas que se refieren a la lucha en Francia.

Ya hemos mencionado que la situación de Francia es dramática en esta época, pues se encuentra atacada desde cinco frentes diferentes: por los Pirineos, por el Mediterráneo, por el este y los Alpes y por el nordeste, no lejos de París.

También se ha dicho que un jefe musulmán, al que Nostradamus llama *el Emanciano*, ha invadido Francia, cruzando desde España los montes Pirineos, según IX-64.

Continuando con los acontecimientos de Francia, en parte contemporáneos con los de España y sobre todo con los de Italia, que ya hemos reseñado, veamos cómo

Salvador Dalí, Batalla de Tetuán (detalle), *óleo sobre lienzo, 1962. En: Ramón Gómez de la Serna,* Dalí, *Espasa-Galpe, Madrid, 1977.*

en una de las cuartetas que, por dar una visión de conjunto, hemos llamado *panorámicas*, Nostradamus muestra lo que serán estos años de lucha en su querida patria:

X-58
En tiempo de luto, el selino monarca
guerreará el joven *Emanciano:*
Galia temblará, la barca correrá peligro,
los focenos serán tentados,
el peligro real en el Oeste.

Au temps du dueil que le Selin monarque
Guerroyera la iuene Aemathien:
Gaule bransler, perecliter la barque,
Tenter Phossens au Ponant entretien.

Efectivamente, en estos versos se indican claramente los principales eventos de esos años que serán "de luto" por lo terrible de las acciones bélicas que se desarrollarán en el territorio de Francia ("Galia temblará"), por causa de las campañas militares de los musulmanes comandados por *el Emanciano*, un hombre joven como lo dice la cuarteta. Todos estos hechos ocurrirán durante el gobierno de Selin, el jefe supremo de los musulmanes cuya identidad y nacionalidad ha dado lugar a grandes confusiones, a pesar de que claramente ostenta un nombre musulmán que varios emperadores otomanos llevaron, siendo uno de ellos Selin II, llamado "el ebrio", cuyas fuerzas fueron derrotadas en la gran batalla naval de Lepanto en 1571. La "barca", es decir la Iglesia, correrá gran peligro como ya lo hemos indicado, pues incluso el papa no ha podido gobernar desde Aviñón, sino que ha debido trasladarse a Lyon donde ha sido víctima de un atentado, según ya se dijo. No es posible saber si Selin es el mismo jefe que dio inicio a la tercera guerra mundial, tal como quedó referido inicialmente. Cualquier cosa que se diga desborda las inferencias que la obra del vidente permite hacer razonablemente.

Durante este tiempo, los ciudadanos de Marsella deliberan sobre las ofertas de rendición que han hecho los invasores y que, finalmente, rechazan, aunque al principio muchos estuvieron inclinados a aceptarlas (los focenos, quienes "serán tentados", son los habitantes de Marsella). El profeta los llama de esta manera por haber sido esta ciudad una colonia de la ciudad griega de Focea.

La cuarteta finaliza hablando de un peligro que vendrá del Oeste, pero no para los franceses, sino para sus enemigos. Porque del Oeste, como se verá, vendrán las tropas anglonorteamericanas que, finalmente obtendrán la victoria en asocio de los franceses dirigidos por su belicoso monarca.

El llamado *Emanciano* podría identificarse con el "turbante azul" que llegará a Foix, ciudad de los Pirineos franceses, aproximadamente al mismo tiempo en el que el gran jefe del frente oriental (el "turbante blanco"), ha sido expulsado de Estambul, ciudad que, junto con algunos griegos y húngaros, se ha rebelado contra los invasores.

IX-73
En Foix, llegará un rey con turbante azul
y reinará antes de que Saturno dé la vuelta:
El rey con turbante blanco del corazón de Bizancio [expulsado;
Sol, Marte, Mercurio junto a la urna.

Dans Foix entrez roy cerulee turban
Et régnera moins evolu Saturne:
Roy Turban blanc Bisance cœur ban
Sol, Mars, Mercure prés la hurne.

Obviamente nunca, después de las invasiones islámicas de los siglos VIII y IX, ha habido reyes de turbante en esta parte de Francia ni en ninguna otra de ese país, lo que reafirma de manera contundente que se trata de hechos aún no sucedidos que, al parecer, ocurrirán relativamente pronto. Además, esta cuarteta demuestra que la campaña en el oriente de Europa y en los Balcanes y el ataque a España, en el otro extremo del continente, ocurrirán casi simultáneamente, y que la victoria musulmana en la península ibérica será muy rápida. Después de esta victoria los invasores, sin pérdida de tiempo, atravesarán los Pirineos y atacarán por el sudoeste de Francia, hechos casi también contemporáneos con la campaña de Italia y la caída de Roma.

La rebelión que, aprovechando la ausencia del gran jefe musulmán ("el turbante blanco"), ocurrirá en gran parte de los países recientemente conquistados (Bizancio, Rodas, los panonios) será reprimida severamente por aquel, quien es posiblemente el mismo jefe que inició las hostilidades atacando a Turquía. En V-47 se habla de estos sucesos que, como se ha dicho, son más o menos contemporáneos con la llegada del jefe de turbante azul a Foix:

V-47
El gran árabe marchará bien adelante,
será traicionado por los bizantinos:
La antigua Rodas le pasará delante
y peores males de otros panonios.

Le grand Arabe marchera bien avant,
Trahy sera par les Bisantinois:
L'antique Rodes luy viendra au devant,
Et plus grand mal par austre Pannonois.

El asalto a París

Los mahometanos atacarán a Francia también por el nordeste, llegando hasta París, hecho del cual se ocupan al menos cuatro estrofas. La primera de ellas no deja duda sobre el hecho de que la Ciudad Luz será asaltada e invadida, lo que ocurrirá casi simultáneamente con el ataque de los musulmanes albaneses a Roma.

V-30
Todos alrededor de la gran ciudad,
estarán soldados alojados en campamentos y ciudades
Dar el asalto a París, Roma incitada,
sobre el puente habrá entonces un gran pillaje.

Tout a l'entour de la grande cité
Seront soldats logez par champs & villes:
Donner l'assaut París, Rome incité,
Sur le pont sera faicte grand pille.

Realmente esta cuarteta es una de las más esclarecedoras en lo que respecta a dos hechos de suma trascendencia y a su dimensión temporal: el asalto a dos de las más importantes ciudades del mundo occidental, París y Roma, a las cuales Nostradamus alude con su propio nombre, siendo tan claro su texto que sobre el particular no es admisible ninguna otra exégesis. Todo indica que la caída de estas dos grandes ciudades en poder de

Arco de Triunfo y Campos elíseos, París. *En: París vu du ciel et des rues,* PML Editions, 1995.

los enemigos, ocurrirá con un intervalo de pocas semanas o meses. Se habla, además, del pillaje sobre un puente que no es fácil determinar anticipadamente.

Veamos seguidamente las otras cuartetas que dan nuevos detalles sobre el trágico destino de la capital de los franceses:

IX-97
De mar tropa en tres partes dividida
los víveres le faltarán a la segunda,
desesperados buscarán los Campos Elíseos
y entrando primero por la brecha, obtendrán la victoria.

De mer copie en trois pars divisée
A la seconde les vivres failleront,
Desesperez cherchant champs Helisées,
Premiers en breche entrez victoire auront.

Nostradamus vaticina un fatal destino a París, pues claramente profetiza que serán aniquilados y expulsados sus habitantes y desolada la ciudad. Como advierten los principales estudiosos del vidente, cuando éste se refiere a "la gran ciudad", generalmente alude a París:

III-84
La gran ciudad será totalmente desolada,
de sus habitantes ni uno solo permanecerá.
Muralla, sexo, templo y virgen violados
por hierro, fuego, peste y cañón, el pueblo morirá.

La grand cité sera bien désolée,
Des habitants un seul n' y demeurera:

Mur, sexe, temple & vierge violée,
Par fer, feu, peste, canon peuple mourra.

En VI-43 se indica, sin lugar a dudas, que se trata de París, ciudad que, a pesar de los intentos de defensa de algunas tropas británicas ("del Támesis"), finalmente caerá en poder del enemigo que devastará totalmente la ciudad:

VI-43
Será por largo tiempo inhabitado
donde el Sena y el Marne riegan los contornos,
militares del Támesis y marciales ataques,
engañados los guardias creyendo rechazarlos.

Long temps sera san estre habitée,
Oú Signe & Marne autour vient arrouser,
De la Tamise & martiaux tentée,
Deceus les gardes en cuidant repousser.

Todo indica, de acuerdo con las estrofas citadas, que los musulmanes harán en esta oportunidad lo mismo que ha hecho Saddam Hussein con las poblaciones kurdas: después de arrasarlas, sus ejércitos minan el terreno de su emplazamiento y todos los adyacentes a fin de que nadie pueda volver a vivir en ellos. Por eso se dice que "la gran ciudad será desolada", y que de sus habitantes ni uno solo podrá vivir en ella. El territorio comprendido entre el Sena y el Marne "será por largo tiempo inhabitado", cuartetas coincidentes que aluden claramente al trágico destino de una gran ciudad que es paradigma de la cultura occidental, siendo esta, posiblemente, la razón por la cual los nuevos bárbaros la destruirán.

COMBATES EN LAS COSTAS DE FRANCIA

Ya se ha mencionado que una gran armada islámica se ha dirigido, desde Barcelona, a atacar Marsella y toda la costa del Golfo de León y del mar de Liguria, Mónaco, Niza, Savona y Génova.

La cuarteta III-90 indica que el atacante de Marsella y de las costas del mar Tirreno, será un jefe musulmán de origen iraní al que Nostradamus caracteriza como "gran sátiro y tigre de Hircania". Esta última es una región de la antigua Persia que comprende los territorios al sudeste del mar Caspio, llegando hasta parte de lo que hoy es Afganistán (Carmania):

III-90
El gran sátiro y tigre de Hircania
don presentado a los del océano,
un jefe de flota saldrá de Carmania
y desembarcará en el Tirreno focense.

Le grande Satyre & Tigre d' Hircanie,
Don presenté a ceux de l'Occean:
Un chef de classe istra de Carmanie:
Qui prendra terre au Tyrren Phocean.

Esta cuarteta evidencia, una vez más, que Nostradamus predice un ataque islámico a Francia, hecho aún no ocurrido y que, por lo tanto, es imposible de con-

Alberto Durero, Apocalipsis, *grabado, siglo XVI. En:* The complete woodcuts of Albrecht Dürer, *Dover Publ., Nueva York, 1963.*

fundir con sucesos del pasado. El jefe musulmán al que alude la cuarteta será oriundo de lo que hoy es Afganistán (Carmania) o de regiones cercanas, y de allí saldrá este personaje para comandar una flota que partirá probablemente del Golfo Pérsico en lo que hoy corresponde a la República Islámica de Irán, cuyo régimen es uno de los más fundamentalistas y radicales del que, por extensión, se llama "mundo árabe".

Como ya sabemos, Marsella fue una colonia griega fundada por los de Focea, de ahí que con propiedad pueda llamarse "focense" a todo lo que se refiere al gran puerto francés. El mar Tirreno es el nombre que toma el Mediterráneo en esta parte cercana a Francia e Italia.

En la cuarteta I-18 se advierte que, por la discordia y negligencia de los franceses, se facilitará la incursión musulmana:

I-18
Por la discorde negligencia gala
estará a Mahoma el paso abierto:
De sangre se empapará la tierra y el mar senense,
el puerto focense se cubrirá de velas y naves.

Par la discorde négligence gauloise,
Sera passage a Mahomet ouvert:
De sang trempé la terre & mer sénoise,
Le port Phocen de voilles & nefs couvert.

No está claro por qué se habla del mar senense (*sénoise),* pero podría tratarse de la desembocadura del río Sena, en cercanías de la cual habrá grandes combates antes de la caída de París. Los invasores ya se han apoderado de Bélgica y Holanda después de avanzar incontenibles por Alemania, a la que han invadido después de consolidar sus conquistas en el norte de los Balcanes, Hungría, Polonia, Austria y Suiza. "El mar senense" de que se habla, también puede aludir a una gran crecida de dicho río como las ocurridas en los años 1658 y 1910, que fueron de carácter catastrófico, evento que tal vez se repetirá durante esta época en medio de grandes batallas, en esta zona del nordeste de Francia, que "empaparán de sangre la tierra y el mar". Aquí también es válida la interpretación de J. Ch. de Fontbrune, según la cual esta cuarteta alude al puerto mediterráneo de Le Seyne-sur-Mer en las costas cercanas a Marsella, interpretación ciertamente más congruente con el resto de profecías contenidas en el citado verso.

El anacronismo, al hablar de "velas", en ningún momento puede servir de argumento válido para demostrar que la cuarteta se refiere a hechos pasados, por la simple razón de que los musulmanes, después de la Edad Media, nunca han atacado directamente a Marsella, a pesar de haber infestado el Mediterráneo de piratas de origen bereber. Recuérdese, además, que Nostradamus en muchas cuartetas nombra las cosas por sus nombres antiguos; en este caso "velas" equivale, por tanto, a embarcaciones probablemente de menor calado en comparación con las que llama "naves".

Después de duros combates, Marsella caerá por fin, lo que será no sólo un decisivo episodio de la guerra, sino un gran cambio del orden social y político.

III-79
El orden fatal sempiterno encadenado
cambiará por otro orden sucesivo.

Del puerto focense será rota la cadena,
la ciudad tomada, enemigos en gran cantidad.

Le ordre fatal sempiternel par chaisne,
Viendra tourner par ordre conséquent:
Du port Phocen sera rompue la chaisne,
La cité prinse, l' ennemy quant & quant.

La cuarteta I-72 continúa hablando de este mismo acontecimiento:

I-72
Del todo Marsella cambiará sus habitantes,
correrán y serán perseguidos hasta cerca de Lyon,
Narbona y Toulouse ultrajadas por Burdeos.
Cerca de un millón de muertos y prisioneros.

De tout Marseille des habitants changee,
Course & poursuitte iusque aupres de Lyon,
Narbon, Toloze, para Bourdeaux outragee
Tuez captifs presque d'un million.

Aquí se da un detalle importante, ya que los invasores no se limitarán a conquistar las ciudades enemigas sino que, al igual que lo hiciera Gengis Kan con los pueblos derrotados, deportará o exterminará a los habitantes de las ciudades vencidas que no se hayan rendido. Así ocurrirá con la desgraciada Marsella, según se desprende claramente de las citadas estrofas ("Marsella cambiará sus habitantes"). Como se verá luego, a esta gran ciudad los invasores le cambiarán de nombre, pues en adelante se denominará "Puerto Selin", en honor de su jefe, al tiempo que llamarán "mar Selino" a todo el Mediterráneo también en honor al jefe supremo de los islámicos. Desde entonces, y durante muchos años, la ciudad de Marsella será poblada por gente de origen musulmán, y se convertirá en la capital de los nuevos países conquistados en esta parte de Europa.

En esa época se presentarán sangrientos combates entre las fuerzas mahometanas que, como ya vimos, ocupan Narbona cerca de los Pirineos y también Toulouse. Tales huestes serán atacadas por los occidentales desde Burdeos, que será una de las pocas ciudades importantes que no caerá en manos de los invasores y desde la cual, gracias a los enormes refuerzos procedentes de Gran Bretaña y Estados Unidos, los occidentales podrán iniciar la reconquista del territorio ocupado. Como resultado de todas estas acciones bélicas, habrá cerca de un millón de muertos y prisioneros, cifra realmente escalofriante que indica, sin lugar a dudas, la magnitud del conflicto que en la tierra de Nostradamus ocurrirá en esta época aciaga. Estos vaticinios son reiterados en IX-63 con elocuentes exclamaciones:

IX-63
Lamentos y lloros, gritos y grandes clamores,
cerca de Narbona, en Bayona y en Foix.
¡Oh que horribles y calamitosos cambios!
Antes dé que Marte de algunas vueltas.

Plainctes & pleurs, cris & grands hurlemens
Pres de Narbon à Bayonne & Foix.
O quels horribles calamitez changemens,
Avant que Mars revolu quelques fois.

Nostradamus también se refiere a la caída de Mónaco después de siete incursiones enemigas, en estos términos:

III-10
De sangre y hambre, que gran calamidad
siete veces se aproxima a la costa,
Mónaco tomado por hambre y cautividad,
el grande es encerrado en una jaula de hierro.

De sang & faim plus grand calamité,
Sept fois s'appreste a la marine plage:
Monech de faim, lieu pris, captivité,
Le grand mené croc en ferre cage.

No sabemos quién es "el grande" que será hecho prisionero y encerrado en una jaula de hierro, seguramente para ser exhibido como trofeo de guerra ante las tropas invasoras pero, naturalmente, debe tratarse de un importante jefe francés. Téngase en cuenta, dicho sea de paso, que no siempre que Nostradamus habla de "el grande" y lo hace en no menos de veinte ocasiones, se refiere al mismo personaje. Por lo tanto, hay que examinar, como siempre, tanto el contenido como el contexto de cada cuarteta para aclarar, en lo posible, la identidad de estos jefes.

Después de estas victorias, el dominio musulmán será completo en todas las riberas de la Costa Azul y aledañas. Los invasores incursionarán en ellas aprovechando las favorables condiciones climáticas, pero sin respetar las leyes de la guerra que han sido consignadas en múltiples tratados internacionales desde hace muchos años.

III-82
Frejus, Antibor, ciudades cerca de Niza
serán devastadas por mar y viento propicios.
Apresados, asesinados, despedazados,
robados sin ley de guerra.

Freins, Antibor, villes autour de Nice,
Seront vastées fort par mer & par terre:
Les sauterelles terre & mer vent propice,
Prins, morts, troussez, pillez, sans loy de guerre.

Al parecer la suerte de Niza será diferente, pues se insinúa, en VII-19, que la ciudad será entregada por sus defensores sin luchar, gracias a un arma o estrategia bélica muy extraña que dará lugar a muchos comentarios entre sus habitantes, aunque también podría pensarse en el soborno a los jefes defensores ("rutilante metal").

VII-19
El fuerte nizardo no será combatido
sino que será vencido por rutilante metal.
El hecho será debatido durante mucho tiempo,
para los ciudadanos será un extraño espantajo.

Le fort Nicene ne sera combatu:
Vaincu sera par rutilant metal,
Son faict sera un long temps debatu,
Aux citadins estrange épouvantail.

Entretanto, en el norte de Francia, después de ocupada París, el *Emanciano* que, como vimos, es el jefe de las tropas invasoras en esta parte de Europa, alberga el propósito de invadir a Inglaterra, especialmente en busca de provisiones pues, como es natural, la guerra ha sido tan desastrosa que los víveres ("vino y sal") escasean en el continente pero son relativamente abundantes en las islas británicas, que no han sufrido en su propio territorio los rigores de la guerra. El jefe mahometano prepara desde Nancy sus tropas para marchar hacia el norte, aunque aún no ha logrado conquistar la vecina ciudad de Metz, que ha resistido durante "largo tiempo":

X-7
El gran conflicto que se prepara en Nancy,
el *Emanciano* dirá: yo todo lo domino.
La isla británica querrá conquistar por vino, sal en
[abundancia
Hem, mi, dos Phi, durante largo tiempo no tendrá
[Metz.

Le grand conflit qu'on appreste a Nancy,
L'Aemathien dira tout ie suobmets,
L' isle Britanne par vin, sel en solcy:
Hem, mi, deux Phi. Long temps ne tiêndra Mets.

La última línea contiene un jeroglífico que, al parecer, alude a dos personajes de nombre Felipe (dos Phi) pero, desde luego, no sabemos a qué se refieren estas enigmáticas palabras.

Durante esta campaña los musulmanes incursionarán también en otras ciudades del norte, este y occidente de Francia como Tours, Orleáns, Angers, Reims y Nantes, y allí habrá "tiendas levantadas por lenguas extrañas" (*par langues estrangers seront tendues tentes*), según I-20. Aquí hay un buen ejemplo del lenguaje figurado que el profeta usa con tanta largueza, pues cuando se dice que las tiendas serán levantadas por lenguas extrañas, se trata evidentemente de una *hipálague* o atribución de algo a lo que naturalmente no corresponde, pues a nadie se le ocurrirá pensar que alguien va a levantar físicamente con la lengua una tienda de campaña. Figuras como estas hay muchas en las *Centurias*, tan artificiosas que frecuentemente es muy difícil entender de qué se trata.

Debe tenerse en cuenta que el territorio controlado por los franceses quedará limitado por el Ródano al este, el Loira al norte, el Garona al sur y el Atlántico al oeste, siendo esta última zona vital, pues por allí llegarán en gran número los refuerzos angloamericanos, según se verá más adelante.

Mientras se suceden estos acontecimientos, prácticamente toda Italia ha caído en poder de los enemigos y el Papa francés ha logrado llegar hasta el Ródano y refugiarse en Lyon, como se recordará. En este momento las tropas procedentes de Irak ("los ciudadanos de Mesopotamia") se encontrarán con los que por el oeste conquistaron a España y atravesaron luego los Pirineos ("amigos de Tarragona") con motivo de lo cual se realizarán grandes celebraciones ("juegos, ritos, banquetes, mucha gente adormecida"); al hablar de Tarragona, Nostradamus, además de recordar la provincia romana de ese nombre que comprendía gran parte de la península ibérica, alude a toda España, siendo este un buen ejemplo de este recurso literario llamado *sinécdoque* que consiste en nombrar el todo por una sola de sus partes. También puede indicar el origen de los musulmanes que, procedentes de Cataluña, han penetrado en Francia por los Pirineos y se han encontrado con los islámicos procedentes de Lombardía, en el norte de Italia, de donde, como ya vimos, los franceses debieron retirarse derrotados:

VII-22
Los ciudadanos de Mesopotamia
irán al encuentro de los amigos de Tarragona,
juegos, ritos, banquetes, mucha gente adormecida.
Vicario en el Ródano, tomada ciudad, los de Ausonia.

Les citoyens de Mesopotamie
Irez encontre amis de Terraconne,
Ieux, rits, banquets, toute gent endormie
Vicaire au Rosne, prins cité, ceux d'Ausone.

En esos mismos días una ciudad es tomada por las fuerzas invasoras musulmanas procedentes de Italia ("los de *Ausonia*"), antiguo nombre con el que el vidente nombra con frecuencia a este país. No sabemos cuál es esta ciudad, pero presumiblemente se trata de alguna de las ciudades de Provenza o del Languedoc en el sur de Francia, pues gran parte de estos territorios han sido ocupados por los islámicos, aunque los franceses todavía conservan el puerto de Tolon, e importantes ciudades del este y sudoeste como Aviñón, Grenoble y Lyon y el puerto de Burdeos en el occidente.

Al hablar de "ciudadanos de Mesopotamia", algunos intérpretes piensan que se trata de los habitantes de la confluencia de los ríos Ródano y Durance, es decir quienes viven cerca de Aviñón ("entre dos ríos" que es lo que etimológicamente significa Mesopotamia); nosotros creemos, no obstante, que se refiere justamente a las tropas iraquíes (Irak es hoy la antigua Mesopotamia), porque así se desprende del contexto; no se ve con qué amigos procedentes de España habrían de encontrarse dichos ciudadanos franceses, debiendo los de Tarragona atravesar los territorios del Languedoc dominado por los islámicos; tampoco tiene mucho sentido el objetivo de tal visita en medio de tan terrible contienda. Por otra parte, en otra cuarteta bien reveladora, veremos el anuncio de que "Mesopotamia se hundirá en Francia", lo que alude a un gran desastre bélico para dicho ejército invasor. Dicha expresión, que comentaremos más adelante, claramente permite inferir que se trata de personas diferentes a los mismos franceses.

EL CONTRAATAQUE OCCIDENTAL

En los momentos en que la situación de Francia es más desesperada, los angloamericanos acudirán en ayuda dc los franceses que se encuentran, cercados casi por todas partes. Una gran armada angloamericana, con gran cantidad de provisiones y de armas, desembarcará en Burdeos en el estuario de la Gironda, que es una de las pocas posiciones importantes todavía en manos de los galos:

V-34
De lo más profundo del occidente inglés,
donde está el jefe de la isla británica,
una flota llegará a la Gironda por Blois
con vino y sal, fuegos encerrados en los barriles.

Du plus profond de l' Oxident Anglois,
Oú est le chef de l' Isle Britannique:
Entrera classe dans Gyronde par Blois,
Par vin et sel, feux cachez aux barriques.

Cuando se dice que esta flota llega por Blois, evidentemente no se alude a esta ciudad que se encuentra en el interior de Francia, por lo cual un desembarco allí es imposible. Lo que quiere significar es que la ayuda vendrá en favor del Gobierno de Francia que, después de la caída de París, se ha instalado en esta ciudad, bajo la

Estatua de la Libertad, *Nueva York, fotografía, 2001.*

dirección de Enrique V quien, como sabemos, restablecerá la monarquía en estos momentos de suprema urgencia. No es extraño que, aparte de las conveniencias especiales de los movimientos tácticos de la guerra, el Gobierno de Francia se ejerza desde Blois, pues dicha ciudad no sólo es la cuna del rey, sino que también tiene una larga tradición, toda vez que los condes de Blois procedían de la familia de Hugo Capeto, primer rey francés de la tercera dinastía, habiendo sido además la morada favorita de la casa real de los Valois, una rama de los reyes Capetos. También puede pensarse, no obstante, que se trata de Blaye, población al norte de Burdeos, situada en el estuario del Garona que por error tipográfico se confundió con Blois.

Los angloamericanos, en gran cantidad, ocuparán el sudoeste de Francia, después del citado desembarco en Burdeos, capital de la antigua Guyena, región que, debido a ello, será llamada *Angloquitania* (combinación de anglo, los ingleses y norteamericanos, y Aquitania, el nombre romano de esta provincia). Incluso, después, darán un extraño nombre (*Barboxitania)* a la comarca llamada tradicionalmente Languedoc, hacia el sudoeste del país:

IX-6
Por Guyena una infinidad de ingleses
que ocuparán el lugar por nombre de Angloquitania;
en Languedoc, Ispalme, Burdeos,
ellos lo llamarán después Barboxitania.

Par la Guyenne infinité d'Anglois
Occuperont par nom d' Anglaquitaine,
Du Lanquedoc Ispalme Bourdeloys,
Qu'ils nommeront après Barboxitaine.

También II-1 se refiere al gran desembarco británico y al gran dominio que alcanzarán de todo el suroeste francés, a pesar de que los musulmanes, desde Marsella (Puerto Selin), los hostigarán "con grandes invasiones":

II-1
Hacia Aquitania por islas británicas
se producen grandes incursiones.
Lluvias y heladas harán las tierras inicuas,
(desde el) Puerto Selin hará fuertes invasiones.

Vers Aquitaine par insuls Britanniques
De par eux mesmes grandes incursions:
Pluyes, gelées feront terroirs iniques,
Port Selyn fortes fera invasions.

Lo dicho se corrobora en VI-1, cuarteta que precisa que esta gran reunión de tropas extranjeras, se ha efectuado con el propósito de "socorrer a un rey nuevo", esto es al ya mencionado Enrique V, el gran *Chirén* que gobierna desde Blois:

VI-1
Alrededor de los montes Pirineos habrá una gran
[reunión
de extranjeros para socorrer a un rey nuevo.
Cerca del gran templo de Mas en Garona
Un jefe romano lo temerá en el agua.

Autour des monts Pyrénées gran amas
De gent estrange secourir Roy nouveau
Pres de Garonne du gran temple du Mas,
Un Romain chef la craindra dedands l'eau.

Como lo ha precisado J. Ch. de Fontbrune, el templo de que trata esta cuarteta probablemente es el templo galo-romano de Vernemet, en las cercanías de la ciudad de Mas d' Agenais, capital del cantón de Lot-et-Garonne. Sin embargo, ni el hecho referido ni el personaje pueden ser determinados y, como en tantas otras cuartetas, habrá que esperar a que los hechos se presenten para esclarecer uno y otro. Pero en los demás, los versos son claros y concuerdan perfectamente con la gran aglomeración de tropas angloamericanas que acudirán en socorro de los franceses, justo en el momento en que Francia está a punto de perecer.

Otros desembarcos anglo-norteamericanos se producirán por Blaye, sobre el Garona (cerca de Burdeos) y la Rochela; más adelante por un puerto que los franceses todavía conservan en el Mediterráneo, posiblemente Tolón:

IX-38
La entrada de Blaye por Rochela, y el inglés
pasará más allá del gran *Emanciano*.
No lejos de Agen esperará el galo,
llegará ayuda de Narbona, decepcionada por coloquio.

L'entrée de Blaye para Rochelle & l'Anglois,
Passera outre le grand Aemathien,
Non loing d'Agen attendra le Gaulois,
Secours Narbonne deceu par entretien.

Los ingleses, en un hábil movimiento táctico se internarán en Francia sobrepasando las tropas musulmanas comandadas por el *Emanciano* que, recordemos, se encontraba en el noreste del país y que por ello no puede impedir que los británicos se unan a las tropas francesas ("el galo") no lejos de Agen, ciudad del suroeste sobre el río Garona. Allí recibirán refuerzos procedentes de Narbona, ciudad que ha pasado nuevamente a manos de los occidentales. Estos movimientos se producen después de que fracasan las conversaciones para establecer una tregua con el enemigo y por ello se habla de la decepción "por coloquio". Fortalecidos los occidentales avanzan hacia el norte alcanzando Poitiers, ciudad famosa por el triunfo que allí obtuvo Carlos Martel sobre los islámicos en el año 732, que así salvó a toda la cristiandad del dominio musulmán. Al mismo tiempo, las tropas islámicas de Provenza avanzan hacia el norte, atacando Montluel y Vienne, para llegar después hasta Lyon, ciudad a la que saquean:

XII-24
El gran auxilio venido de Guyenne
se detendrá muy cerca de Poitiers,
Lyon rendido por Montluel y Vienne
y saqueada por toda la gente del oficio.

Le grand secours venu de la Guyenne,
S'arrestera tout auprès de Poictiers,
Lyon rendu par Mont-Luel et Vienne,
Et saccagez par tout gens de mestiers.

La toma de Lyon es detallada en otros versos en los cuales se refieren algunos incidentes y se habla de la rendición de la ciudad ante "el gran jefe Molita", personaje que no podemos identificar y cuyo nombre seguramente corresponde a un anagrama según lo acostumbrado por el profeta:

IX-98
Los afligidos por falta de un solo envite
luchando a la parte opuesta,
a los lioneses impondrá por fuerza,
tendrán que rendirse al gran jefe de Molita.

Les affigez par faute d'un seul taint,
Contremenant á partie opposite,
Aux Lygonnois mandera que contraint
Seront de rendre le gran chef de Molite.

Sobre lo ocurrido en Vienne, una cuarteta precisa que dicha ciudad será atacada por soldados enemigos procedentes de la cercana Grenoble, que también cayó en poder de los mahometanos. Los invasores se habrán escondido antes en los montes de Baylly y la Bresle:

IX-69
Sobre el monte de Baylly y la Bresle
estarán escondidos los feroces de Grenoble,
más allá de Lyon, Vienne recibirá un denso pedrisco,
sólo un tercio sobrevivirá.

Sur le mont de Bailly & la Bresle
Seront cachez de Grenoble les fiers,
Ontre Lyon, Vien, eulx si grand gresle,
Langoult en terre restra un tiers.

No es posible saber realmente a qué se refiere el "denso pedrisco" que al parecer destruirá gran parte de la ciudad. Algunos especulan con la caída de un meteorito, pero no se puede anticipar con seguridad nada sobre este hecho, del cual lo único claro es que será un gran desastre para esa ciudad.

En este momento de la contienda, el *Emanciano* se dirige apresuradamente desde el noreste en contra de los angloamericanos, encontrándose los dos ejércitos enemigos cerca de Bourges, en el centro de Francia, no lejos de Poitiers. Allí los musulmanes sufren su primera gran derrota de esta larga guerra a manos de un gran guerrero a quien el vidente llama "Hércules". Este personaje, de acuerdo con nuestra interpretación contextual, es el mismo que Nostradamus llama también *Ogmios* u *Ogmión,* joven hijo natural del rey Enrique y quien después de su muerte le sucederá en el trono. De una vez diremos que el nombre de *Ogmios u Ogmión* corresponde a la mitología celta y es un héroe comparable a Hércules, famoso por sus grandes hazañas, siendo también célebre por su elocuencia. Además, este héroe galo tiene muchas otras connotaciones en los mitos de la Francia primitiva como el de ser el salvador de numerosos peligros según la imaginería popular. *Ogmios* es, pues, un *salvador* y los triunfos del hijo del rey *Chirén* justifican que se le llame de este modo:

IX-93
Los enemigos del fuerte muy alejados,
serán conducidos con carros al bastión
sobre los muros de Bourges destrozados,
cuando Hércules derrote al *Emanciano.*

Les ennemis du fort bien esloignez,
Par chariots conduict le bastion,
Par sur les murs de Bourges esgrongnez,
Quand Hercules batira l' Haemathion.

Un poco antes, se ha producido un desembarco angloamericano en un puerto del Mediterráneo que no se identifica, pero del que se dice enigmáticamente que "todavía lleva la piedra en el estómago" (quizá una oscura alusión al gallo, símbolo tradicional francés y a las costumbres alimenticias de este animal). Dicho puerto debe ser Tolón, históricamente una notable base naval y plaza fuerte que, a pesar de su importancia, en ninguna cuarteta aparece como objeto de algún combate o que haya sido ocupada por los invasores por lo que posiblemente se emplea el adverbio "todavía". Se habla, del gran mar *Selino* que, como hemos visto, es el Mediterráneo casi totalmente controlado por los islámicos, quienes ahora le han dado ese nombre.

V-35

Por una ciudad franca de la gran mar Selina
que todavía lleva la piedra en el estómago,
una flota inglesa llegará bajo la niebla
a tomar un ramo de la gran abierta guerra.

Par cité franche de la grand mer Seline,
Qui porte encores à l'estomach la pierre,
Angloisse classe viendra sous la bruine
Un rameau prende, du grand ouverte guerre.

Seguidamente los occidentales tomarán algunas ciudades de la costa francesa en el Mediterráneo, concretamente Antibes y Frejus, donde ambos, ingleses y americanos desembarcan. Sin embargo Marsella, ahora Puerto Selin, permanecerá todavía varios años en poder de los islámicos.

IX-21
Hechas las represiones al pueblo ingrato
la armada se apodera de Antibes,
en el arco monegasco harán las peticiones
y en Frejus uno y otro tomarán la orilla.

Au peuple ingrat faictes les remontrances,
Par lors l' armée se saisira d'Antibes,
Dans l'arc Monech feront les doleances
Et 'à Freius l'un l'autre prendra Ribe.

No se sabe de qué advertencias o peticiones se trata y por qué motivo se califica al pueblo de "ingrato", pero no es del todo aventurado pensar que ello se refiere al hecho de que muchos de los habitantes de estas provincias francesas han pactado con los invasores y, en vez de resistirlos, viven en connivencia con ellos, como ocurrió, por ejemplo, con el régimen de Vichy que colaboró con los alemanes durante la segunda guerra mundial.

Los angloamericanos, luego de su desembarco en Tolón, se dirigirán hacia el oeste y en Nimes, cerca del Ródano, librarán fuertes batallas con los islámicos, en las que "muchos morirán por Marte iniciado ese día". Luego, con prudente cautela evitarán a los enemigos para dirigirse hacia España, en auxilio de un jefe occidental al que Nostradamus llama *Aenobarba*, posiblemente por su barba rojiza (en latín *aenus* significa color de bronce) y quien ha ocupado todo el sector de los Pirineos tanto en Francia como en España. A estos territorios –recordémoslo– se les ha llamado *Barboxitania* según IX-6, tal vez por esta característica física de su jefe que es quien domina toda la región.

V-59
El jefe inglés demasiado receloso en Nimes
irá hacia España en auxilio de Aenobarba.
Muchos morirán por Marte iniciado ese día
cuando en Artois la estrella caiga en la barba.

Au chef Anglois 'a Nymes trop freiour,
Devers l'Espaigne au secours Aenobarbe
Plusieurs mourront par Mars ouvert ce iour,
Quant en Artois faillir estoille en barbe.

La última línea de esta cuarteta alude a un fenómeno astronómico que al parecer tiene que ver con una estrella que se verá caer en la cola de un cometa ("la barba"), siendo más visible este fenómeno en Artois, antigua provincia del norte de Francia. Aquí podemos ver cómo Nostradamus utilizaba el lenguaje libremente para hacer rimar sus estrofas, y para ello muchas veces conjuga caprichosamente los verbos o emplea metáforas no siempre tan afortunadas como esta de llamar a la cola de un cometa, "la barba", para poder hacer la rima con *Aenobarba.*

Las tropas anglonorteamericanas, después del triunfo de Bourges sobre el *Emanciano,* se dirigirán al sudoeste de Francia, siguiendo luego en dirección al Ródano para unirse al ejército francés que lucha en Provenza, cerca de dicho río. En Lyon, el Jura y Saint Paul de Manseole, (Saint-Remy) obtendrán resonantes triunfos sobre los invasores:

IX-85
Atravesarán Guyenne, Languedoc y el Ródano,
de Agen a Marmanda y la Réole,
si abre con fe la pared, el foceo conservará su trono,
surgirá un conflicto cerca de Saint Pol de Manseole.

Passer Guienne, Languedoc & la Rosne,
D'Agen tenans de Marmande & la Roole,
D' ouvrir par foy parroy, Phocen tiendra son trosne,
Conflict auprès sainct Pol de Manseole.

Aquí se nombran algunas de las regiones y ciudades que atravesarán las tropas occidentales para unirse a las que vienen luchando en el Ródano. Hay una referencia a un hecho que anticipadamente no es posible explicar pero que, especulando un poco, podría referirse a que los occidentales, al romper los musulmanes el cerco ("la pared"), no pueden tomar Marsella, ciudad en la que seguirá gobernando el mandatario musulmán, que debe ser el famoso Selin que por el momento podrá "conservar su trono", pues ya se mencionó que en la ciudad de Marsella –ahora totalmente islamizada– se instalará el gobierno del supremo jefe de los invasores. La cuarteta termina con la alusión a "un conflicto cerca de Pol de Manseole".

Este nombre, "Pol Mansol", "Manseole" o "Mausol" es uno de los rompecabezas más arduos de la obra nostradámica, pues incluso un estudioso como J. Ch. de Fontbrune, en vez de considerarlo simplemente como un nombre geográfico, lo identifica nada menos que con el papa Juan Pablo II. Sin embargo, como lo ha demostrado Jean Paul Clebert, Mansol es el pueblo medieval Manseolo, a un kilómetro de distancia al sur de Saint-Remy, lugar de nacimiento de Nostradamus. El lugar tiene el mismo nombre de la iglesia construida allí: Saint Paul de Manseole y es una zona rica en antigüedades de la época romana; en sus cercanías se encuentra el monte Gaussier al que los vecinos, debido a su curiosa forma, comparan con un león y en el que, entre dos montañas, hay un agujero.

Aunque esta explicación parece suficiente, hay que tener en cuenta, sin embargo, que otras cuartetas parecen hablar de un personaje llamado Paul Mansol, pues se dice, por ejemplo en VIII-46, que "Pol Mensoleo morirá a tres leguas del Ródano", pero nuevamente, en X-29, se habla de una caverna caprina en Pol Mansol en la cual se hallará a un fugitivo en un episodio de la guerra que, como tantas veces, no es posible aclarar antes de que ocurra. En VIII-34 se habla de "muerte y tumba" en Mausol, todo lo cual nos inclina a pensar que realmente se trata de un nombre geográfico, exactamente el indicado por Clebert, en el cual se cumplirán algunos hechos de importancia en esta época: un conflicto o batalla, "muerte y tumba", y la captura de un prisionero que se había escondido en una "caverna caprina".

Mucho se podría aclarar sobre estos incidentes si simplemente agregáramos al inicio de la cuarteta la preposición "en" antes de Pol Mensole en VIII-46; así quedaría claro que es el lugar donde alguien morirá (quizá el jefe llamado "el león") y no el nombre de tal persona, y esto no sería de ninguna forma contrario al estilo del autor de las *Centurias*, que frecuentemente omite el sujeto o lo da por sobreentendido, aludiendo al que ya fue nombrado en una cuarteta anterior o, simplemente, prescinde de la puntuación. Así las cosas, la cuarteta VIII-46 se leería de este modo:

VIII-46

[En] Pol Mansol morirá a tres leguas del Ródano,
huyen las dos próximas tarascas destruidas:
Porque Marte hará el más horrible trono,
de gallo y de águila de Francia hermanos tres.

Pol mensolee mourra trois lieues du rosne,
Fuis les deux prochains tarasc destrois:
Car Mars fera le plus horrible trosne,
De coq & d'aigle de France freres trois.

Estos versos explican que, gracias a la alianza de las fuerzas occidentales, se establecerá un "horrible trono", es decir, una temible alianza bélica entre el gallo y el águila, es decir, entre Francia y los Estados Unidos, cuyo símbolo es el águila de su escudo. De esta manera queda consolidada la coalición de tres potencias que ganarán la guerra contra el islam: Francia, Gran Bretaña y los Estados Unidos ("tres hermanos"), a quienes Nostradamus llama también, en VIII-91, "los cruzados" en una clara alusión histórica –muy al estilo del vidente– de la lucha contra los musulmanes durante la Edad Media, cuando los ejércitos de varias naciones cristianas se aliaron para realizar las expediciones militares denominadas cruzadas. No está claro, por otra parte, quién morirá en este sitio pero podría tratarse, como lo veremos, del jefe inglés que derrota a los invasores cerca de Lyon, llamado "el león".

En la siguiente cuarteta se habla del encuentro entre los ejércitos aliados cerca del Ródano y de las derrotas militares que sufrirán los enemigos, que serán copados totalmente por los occidentales, "castigados por el diluvio".

VIII-91
Se agitan los campos de las regiones del Ródano
donde los cruzados serán casi unidos,
los dos brazales en huellas reencontradas
y un gran número será castigado por el diluvio.

Frymy les champs des Rodanes entrees
Ou les croysez seront presque unis,
Les deux brassieres en pisees rencontrees
Et un grand nombre par deluge punis.

Los combates continuarán después de algún tiempo con feroz intensidad en las riberas del Ródano y en Lyon, en cuya proximidad las tropas occidentales, bajo el comando de un jefe británico, a quien se llama "el león", obtienen una gran victoria. También triunfarán rotundamente en los cercanos montes del Jura, en los Alpes, en donde habrá una gran hecatombe en la que morirán cerca de ciento cincuenta mil soldados originarios de regiones cercanas (*brodiontinos*) al servicio de los musulmanes. Muy probablemente éstos, al igual que hacía Gengis Kan, incorporarán a sus tropas soldados de los pueblos vencidos. El jefe occidental, victorioso, seguirá hasta la ciudad de Ulm, sobre el Danubio, pero al parecer luego morirá en Saint Paul de Manseole (Mausol) y será enterrado allí mismo.

VIII-34
Después de la victoria del león en Lyon
se producirá una hecatombe en la montaña del Jura;
aniquilados los brodiontinos, séptima parte de un
[millón,
león, Ulm, en Mausol muerte y tumba.

Apres victoire du Lyon au Lyon
Sus la montagne de Iura secatombe,
Delues & brodes septiesme million,
Lyon, Ulme á Mausol mort & tombe.

El lugar citado, sin embargo, puede ser también la pequeña población de Monsols (Rhone Alpes) no lejos de Lyon, lo cual estaría más acorde con los hechos. El otro sitio que se confunde con éste, es el anteriormente nombrado cerca de San Remy en el cual ocurrirán otros eventos. En todo caso, tales confusiones no deben extrañarnos, pues Nostradamus frecuentemente cambia en forma caprichosa los nombres y a ello le ayudaron con eficiencia sus editores con numerosos errores de trascripción que concurren en hacer la obra a veces tan desesperantemente ininteligible.

En III-99, se continúa narrando la campaña que en proximidades del río Durance, en Provenza, dará otro gran triunfo a los occidentales, posiblemente el definitivo, por lo que se dice que "Mesopotamia desfallecerá en Francia", lo que es una clara alusión a los invasores procedentes de Irak (la antigua Mesopotamia) que ocuparon gran parte de la Provenza y que sufrirán una total derrota después de una furiosa lucha en la patria del autor de las *Prophéties.* Irak, necesariamente, tendrá un papel protagónico en esta contienda debido no sólo a su poderosa capacidad bélica, sino también a su política radicalmente antioccidental. Si esta interpretación es correcta, estas estrofas son de las más reveladoras, ya que demuestran la presencia de ejércitos islámicos en Francia y su posterior y definitiva derrota:

III-99
A los campos herbosos de Alein y Varnegues
del monte Lebron cercano a Durance,
campamento de las dos partes, el conflicto será tan duro,
Mesopotamia desfallecerá en Francia.

Aux champs herbeux d' Alein & du Varneigne,
Du mont Lebron proche de la Durance,
Camps de deux parts conflict sera si aigree,
Mesopotamie defaillira en la France.

En esta fase de la guerra, y gracias a las victorias occidentales en Lyon, el Jura y Provenza, el rey Enrique puede dirigirse al sur de Francia para gobernar su reino desde Aviñón, toda vez que no puede regresar a París que, ahora, es una ciudad desolada. Con esta decisión no satisface los deseos de Lyon de ser la sede del gobierno ("Lyon en cambio será mal consolado"). Es interesante ver cómo el profeta habla de *Chirén* como jefe del imperio, que es un buen ejemplo de la forma en que Nostradamus mezcla los tiempos, pues Enrique V todavía no ha consolidado su dominio sobre gran parte de Europa, pero aun así es tratado como corresponde a su glorioso futuro: el jefe del imperio, es decir, el heredero legítimo del poder universal del Sacro Imperio romano.

III-93
En Aviñón estará el jefe del imperio,
se detendrá por París desolado,
Tricastin tendrá la cólera de Aníbal
Lyon en cambio será mal consolado.

Dans Avignon tout le chef de l'Empire
Fera arrest pour París désolé:
Tricast tiendra l'Annibalique ire,
Lyon par change sera mal consolé.

Los restos del ejército musulmán de origen norteafricano (razón por la que se recuerda a Aníbal, el gran general cartaginés) asolarán con furia el Tricastin, región del bajo Dauphine. Conviene recordar que el ejército invasor estará integrado por tropas de muchas nacionalidades de origen islámico y por ello en las cuartetas algunas veces se hace referencia a los procedentes de Irak ("los de Mesopotamia"), en tanto que otras veces se habla de los norteafricanos (los de Aníbal, púnicos o libios).

Después de todas estas victoriosas campañas, queda el campo abierto para que las tropas francesas persigan a los enemigos y, finalmente, logren expulsarlos a todos del territorio de Francia:

IV-12
El campamento mayor de la ruta puesto en fuga,
más allá no será acosado:
Acampado de nuevo y la legión reducida,
después fuera de las Galias será expulsado por
[completo.

Le camp plus grand de route mis en fuite,
Guaires plus outre ne sera pourchassé:
Ost recampé & legion reduicte,
Puis hors des Gaules du tout sera chassé.

OFENSIVA EN LOMBARDÍA

El gran rey francés a la cabeza de las tropas occidentales inicia entonces su ofensiva sobre Italia. Norteamericanos y franceses (el águila y el gallo) llegan a Savona en el golfo de Génova y por mar desembarcan en Nápoles, en Palermo (Sicilia) y en Ancona, sobre el Adriático. También inician su presión hacia el este, sobre Hungría. Mientras tanto, grandes revueltas se producen en Roma y en Venecia, las que son reprimidas brutalmente por el jefe musulmán de "horrible barba":

VIII-9
Mientras el águila y el gallo estén en Savona
y mantengan la unión, el mar, el este y Hungría,
la armada fondeará en Nápoles, Palermo, la marca
[de Ancona,
Roma y Venecia por una barba horrible gritan.

Pendant que l'Aigle & le Coq a Savone
Seront unis, Mer, Levant & Ongrie,
L'armee 'a Naples, Palerme, Marque d'Ancone
Rome, Venise par Barbe horrible crie.

En IX-42, se reitera la derrota de los musulmanes en el Mediterráneo luego de haber sido liberados tres de sus más importantes puertos: Barcelona, Génova y Venecia, siendo liberada también toda la costa que va desde Mónaco a Sicilia. Es significativo el hecho de que

V. Catari, Zeus/Júpiter lanza rayos contra los titanes, *grabado, 1647. En: Hans Biedermann,* Diccionario de símbolos, *Ediciones Paidós, 1993.*

Marsella no sea mencionada, lo que indica que dicho puerto aún permanece en poder de los orientales. Según la línea final, la flota musulmana se ve obligada a huir hasta Túnez:

IX-42
De Barcelona, de Génova y Venecia,
de Sicilia a Mónaco pronto unidas
contra la bárbara flota apuntarán
y el bárbaro será expulsado muy lejos hasta Túnez.

De Barcelonne, de Gennes & Venise,
De la Sicile peste (preste) Monet unis:
Contre Barbare classe prendront la vise,
Barbar poulsé bien loing iusqu' a Thunis.

Desde el noroeste, los franceses y los británicos (el león y el gallo), a pesar de algunas desavenencias, se unen para atravesar los Alpes y llegar hasta Lombardía, en el norte de Italia. Las poblaciones suizas se mantendrán, sin embargo, relativamente al margen de las operaciones:

I-93
La tierra itálica próxima a los montes temblará,
el león y el gallo no muy confederados
por miedo se ayudarán uno al otro,
sólo Cátulo y los celtas moderados.

Terre Italique pres des monts treblera,
Lyon & Coq non trop confederez,
En lieu de peur l' un l' autre s' aydera,
Seul Catulon & Celtes moderez.

No está muy clara la alusión al poeta latino Cayo Valerio Cátulo. Sólo podemos decir que nació en el año 87 a. C., en un lugar muy próximo a las actuales fronteras de Suiza. Los celtas, de quien se dice que serán "moderados", probablemente son los suizos ya que los helvecios, que habitaron originalmente su territorio, eran pueblos también de origen celta.

Los occidentales se apoderan entonces de la gran ciudad de Milán, culminando un largo sitio de siete meses, después del cual la ciudad logra deshacerse de sus enemigos y el rey francés hace en ella su entrada. Los musulmanes, al parecer, no presentan fuerte resistencia sino que finalmente abandonan la ciudad y se repliegan hacia el centro de Lombardía, donde luego se presentarán grandes combates:

VII-15
Delante de la ciudad de la Insubre comarca (Milán)
siete durará el asedio iniciado delante.
El gran rey hará en ella su entrada,
la ciudad será más libre, fuera de sus enemigos.

Devant cité de l'Insubre contree,
Sept sera la siege devant mis:
Le tresgrand Roy y fera son entree,
Cité plus libre hors de ses ennemis.

Controlada Milán, las tropas occidentales continúan su avance por el centro de Lombardía y, después de varios combates, finalmente logran infringir una completa derrota a Selin, el supremo jefe de los musulmanes, cerca del río Tesino, afluente del Po, que vierte sus aguas ensangrentadas por miles de combatientes:

II-26
Por favor que la ciudad hará
al grande que pronto perderá (en) el campo de batalla,
huido de la formación (en el) Po, Tesino verterá sangre,
habrá muertos abatidos por el filo de las armas.

Pour la faveur que la cité fera,
Au grand qui tort perdra camp de bataille
Fuis le rang Pau Thesin versera,
De sang, feux mors noyez de coup de taille.

No está claro por qué se habla de un favor y de qué ciudad se trata, pero puede pensarse que es una forma irónica de hablar del apoyo que Milán dará a los aliados. La ironía como se sabe, es también una figura retórica por medio de la cual se da a entender precisamente lo contrario de lo que se dice. Con el uso amplísimo que Nostradamus hace de toda clase de figuras lingüísticas, nada de raro tiene que aquí haya escogido precisamente ésta. Para confundir, literalmente se habla de Pau, como si se tratara de la ciudad de ese nombre en los Pirineos, pero el contexto exige, sin lugar a dudas, que se interprete como el río Po, que se pronuncia de igual forma y uno de cuyos afluentes es el Tesino.

En II-94 se habla también de esta gran batalla:

II-94
El gran Po, recibirá un gran mal de los galos
vano terror del marítimo león,
una gran muchedumbre atravesará el mar,
un cuarto de millón no podrá escapar.

Gran Pau, grand mal pour Gaulois recevra,
Vaine terreue au maritin Lyon:
Peuple infiny par la mer passera,
Sans eschapper un quart d'un million.

En estas estrofas se habla de algo indeterminado que produce temor en la flota británica sin razón ("vano terror"), y de la fuga masiva por mar de las tropas islámicas, aunque un cuarto de millón de soldados quedará atrapado, lo que da idea de la magnitud de los combates. También es posible pensar que el "vano terror del marítimo león" al que alude la segunda línea se refiere a la ciudad de Venecia que tiene el león de San Marcos como uno de sus símbolos y el temor es vano en definitiva porque muchos podrán escapar atravesando el mar como se lee en la tercera línea.

Según IV-34, el comandante supremo de los islámicos –que podría ser el mismo Selin– caerá prisionero y será llevado a presencia de Enrique V, pues, como acabamos de explicar, el gran jefe musulmán ha perdido la guerra (al menos esta parte), en Ausonia (Italia) y en Milán:

IV-34
El gran prisionero traído de extranjera tierra
de oro encadenado al rey Chirén ofrecido:
Quien en Ausonia (y en) Milán perderá la guerra
y todo su ejército pasado a hierro y fuego.

Le grand mené captif d' estrange terre,
D'or echainé au Roy Chiren offert:
Qui dans Ausone, (dans) Millan perdra la guerre,
Et tout son os mis a feu & a fer.

Esta es una cuarteta muy esclarecedora de lo que ocurrirá en el curso de la gran guerra con el islam, ya que de ella se infiere claramente que en el norte de Italia (Ausonia), los musulmanes sufrirán su más grande derrota a manos del rey francés; el jefe musulmán, al que Nostradamus llama "el grande" será hecho prisionero y conducido ante el monarca galo. Esto confirma, una vez más, que durante esta época de su turbulenta historia la monarquía será restablecida en Francia, bajo el dominio de un gran rey que se llamará Enrique, a quien se conoce también como *Chirén* que, como sabemos, es un anagrama de Henric.

Totalmente derrotados los islámicos en la Lombardía, el rey Enrique reorganiza su gobierno, al tiempo que los prisioneros más importantes son "atados y trasladados" y se inician los preparativos para atacar casi simultáneamente el centro de Italia ("La Romaña") y España:

IV-36
Los nuevos asuntos en Galia organizados
después de la victoria en la campaña del Insubre
[(Milán),
en los montes de Hesperia (Italia) los grandes atados
[y trasladados.
De miedo tiemblan Romaña y España.

Les ieux nouveaux en Gaule redressez,
Apres victoire de L' Insubre champainge:
Monts d' Espeire, les grands liez, troussez,
De peur trembler la Romaigne & l' Espaigne.

Aquí se confirma lo que hemos dicho sobre el sentido equívoco de la antigua palabra *Hesperia*, que unas veces alude al Occidente en general, otras a España y otras, como aparece sin duda en estos versos, a la propia Italia.

LA RECONQUISTA DE ESPAÑA

El rey Enrique V se dirige, entonces, personalmente a España para expulsar de allí también a los musulmanes.

X-95
A las Españas llegará un rey muy poderoso
por mar y tierra subyugará el mediodía.
Este mal hará rebajando el creciente
bajar las alas a los del viernes.

Dans les Espaignes viendra Roy tres puissant,
Par mer & terre subiugant or Midy:
Ce mal fera, rabaissant le croissant,
Baisser les aisles 'a ceux du Vendredy.

No hay duda de que estas estrofas se refieren al gran conflicto entre Occidente y el islam, ya que en ellas se encuentran dos claras alusiones a los islámicos: la de la Luna (el creciente) y la de la línea final en la cual se expresa que quienes saldrán derrotados serán "los del viernes", inconfundible alusión a los musulmanes cuyo día de oración es precisamente el viernes. El poderoso rey no puede ser otro que el ya citado Enrique V (*Chirén*), cuyo papel en esta contienda será decisivo y quien estará acompañado de su hijo *Ogmios*, el Hércules francés, joven jefe del ejército y triunfador en Bourges sobre el *Emanciano*.

Salvador Dalí, El sueño de Cristóbal Colón (detalle), *óleo sobre lienzo, 1959. En: Ramón Gómez de la Serna,* Dalí, *Espasa-Galpe, Madrid, 1977.*

La cuarteta que a continuación citamos confirma esta acción bélica de los franceses en alianza con los británicos. El ejército es comandado por un esforzado y valeroso "jefe", que es "el gran príncipe vecino de Mans" quien por mar y tierra ataca Barcelona y "la isla" (es decir, Mallorca), después de pasar por la pequeña isla de Cabrera (Capraria), una de las Baleares, al noreste de España.

VII-10
El gran príncipe vecino de Mans
esforzado y valeroso jefe del gran ejército.
Galos y normandos por mar y tierra,
Cabrera pasar Barcelona, saquear isla.

Par le grand Prince limitrophe du Mans
Preux et vaillant chef de grand exercite
Par mer et terre de Gallois et Normans,
Caspre passer Barcelonne pillé Isle.

Recordemos que Le Mans, queda cerca de Blois, por lo cual el texto de esta cuarteta autoriza a postular que dicho príncipe debe ser el mismo vencedor del *Emanciano*, es decir, el Hércules francés, *Ogmios*, el "esforzado y valeroso jefe del gran ejército" que ha nacido también en Blois, como su padre.

Como en la famosa cuarteta en que se predicen los trágicos acontecimientos del once de septiembre de 2001, Nostradamus llama genéricamente a los anglo-norteamericanos "normandos", esto es, de acuerdo con su etimología, "los hombres del Norte", por contraposición a los latinos; no se refiere, por tanto, exactamente a los escandinavos, que al parecer no tendrán en esta guerra un papel destacado o al menos no tanto como el de los anglosajones. En este punto, como en muchos otros, lo que cuenta es el origen etimológico, el sentido original de la palabra empleada y no su exacto sentido histórico y geográfico. Hay que tener en cuenta, además, que los normandos invadieron a Inglaterra y la gobernaron en el siglo XI, por lo que la alusión también podría justificarse, de acuerdo con el particular uso de los nombres y conceptos históricos que Nostradamus hace a través de su obra.

La cuarteta VIII-44 da a entender que *Ogmios* u *Ogmión*, frenta al ejército del rey Enrique ("rey de larga amigable amistad para la gente"), mediante alguna maniobra ("de siete a nueve del camino desviar") toma la ciudad de Pau, Pirineos franceses, donde los restos de los ejércitos islámicos se habían fortalecido, lo cual despeja el camino de los occidentales en su reconquista de España (Navarra):

VIII-44
El hijo natural de *Ogmión*
de siete a nueve del camino desviar
a rey de larga y amigable amistad para la gente,
debe Navarra fuerte de Pau prosternar.

Le procreé naturel d' Ogmion,
De sept a neuf du chemin destorner
A roy de longue & amy aumuy hom,
Doit a Navarre fort de Pau prosterner.

Al principio se habla de un hijo natural de *Ogmios*, pero creemos que hay una trampa en esta estrofa, pues también puede entenderse la frase en el sentido de "el hijo natural que es *Ogmios*", como cuando decimos, "el bueno de Juan", es decir, que este príncipe debe ser el propio hijo extramatrimonial del rey *Chirén*, el vencedor del *Emanciano*, el Hércules francés que ya hemos nombrado y no el hijo de este último. Ello, entre otras razones, porque siendo *Ogmios*, como ya sabemos y se repetirá luego, muy joven, en el caso de tener él también un hijo, no es factible que este último se halle en condiciones de comandar al ejército francés, ya que sería apenas un niño.

La campaña de España continúa con grandes batallas cerca de la antigua ciudad de Sagunto, tan famosa por haber resistido heroicamente a las tropas cartaginesas comandadas por Aníbal en el año 219 a. C., sitio que dio comienzo a la Segunda Guerra Púnica de Cartago contra Roma. El profeta, después de mencionar los estandartes de algunas de las fuerzas francesas que tomarán parte en esta campaña, precisa en:

IV-3
De Arras y de Bourges, de Brodes grandes estandartes,
una gran parte de los Gascones a pie combatirán,
los de las orillas del Ródano desangrarán las Españas:
Cerca del monte donde Sagunto enclavado está.

D'Arras & Bourges, de Brodes grans enseignes,
Un plus grand nombre de Gascons battre a pied,
Ceux long du Rosne saigneront les Espaignes:
Proche du mont ou Sagonte s'assied.

Las cuartetas, al parecer, no brindan información adicional sobre esta fase de la guerra, por lo cual podría pensarse que la reconquista de España por los occidentales no presentará gran resistencia de parte de sus enemigos. En consecuencia, los esfuerzos de aquellos se dirigirán seguidamente a recuperar los territorios de Europa central.

Alquimistas del siglo XVI, *grabado. En: Allan Zola Kronzek y Elizabeth Kronzek,* El diccionario del mago, *Ediciones B, 2003.*

RECUPERACIÓN DE LA EUROPA CENTRAL Y FUGA DE LOS MUSULMANES

En este momento de la guerra, al ser derrotados los islámicos en el centro, sur y este de Francia y expulsados de Lombardía y España ("el gran imperio desolado"), el teatro de las operaciones militares se traslada seguidamente al noreste de Francia, donde los musulmanes han logrado reagruparse. Los contendores se encuentran cerca de las Ardenas, primero, y luego en Brujas (Bélgica), donde serán rotas las líneas musulmanas en un sitio no identificado que Nostradamus llama Ponteroso, lugar en el que un jefe de los invasores (tal vez el *Emanciano*) muere. Después de esto, el jefe inglés que hemos conocido como *Aenobarba*, establece su total dominio en todos estos territorios.

V-45
El gran imperio será desolado
y trasladado cerca del bosque de Ardenas.
Los dos bastardos por el primogénito separados
y reinará Aenobarbo, nariz de milano.

Le grand Empire sera tost desolé,
Et traslaté pres d'arduenne silve,
Les deux bastards par l' aisné decollé,
Et regnera Aenobarb nez de milve.

No es seguro a qué se refiere el episodio de los "dos bastardos", pero al parecer se alude al imperio de En-

Jan Saudek, Fotografía. *En:* Saudek, *Art Unlimited, Amsterdam, 1991.*

rique V o de parte del mismo, pues el emperador francés ha delegado en *Ogmios* (su primogénito bastardo) parte de sus poderes, con lo que se desconocen las aspiraciones de otros dos de sus hijos también ilegítimos. Finaliza indicando que el general *Aenobarbo* (de cuya nariz se hace una curiosa comparación) impondrá su dominio ("reinará") en estos territorios del norte de Europa, como comandante de las fuerzas occidentales aliadas del monarca galo. Recordemos que en la historia de las monarquías europeas los hijos bastardos han cumplido papeles de importancia, siendo, tal vez, el caso más famoso el de Don Juan de Austria, hijo ilegítimo de Carlos V y gran vencedor de los turcos en Lepanto.

En otras estrofas se completa la referencia a estos hechos en el nordeste de Francia y en Bélgica, precisándose que las tropas francesas provendrán de Tardaigne, el actual Tardenois, que es la región comprendida entre el Aisne y el Marne. Como siempre, el profeta cita el lugar de origen de los combatientes, después de hacer algunas oscuras alusiones astrológicas:

VIII-49
Saturno al buey Júpiter en el agua, Marte en flecha
seis de febrero mortandad dará,
los de Tardaigne en Brujas tan grande brecha
que [en] Ponteroso jefe bárbaro morirá.

Satur au beuf ioue en l'eau, Mars en fleiche,
Six de Fevrier mortalité donra,
Ceux de Tardaigne a Bruge si grand breche
Qu' à Ponteroso chef Barbarir mourra.

Después de esta gran derrota en Bélgica, los islámicos emprenden la fuga por extensos territorios del centro de Europa sin que encuentren ninguna oposición ("los ismaelitas hallarán lugares abiertos"). Las tropas aliadas ocuparán, entonces, toda Alemania y Polonia, iniciando su asedio a Hungría y al norte de los Balcanes, territorios todos ellos que serán luego incorporados al Sacro Imperio romano del rey *Chirén* ("el Santo Imperio llegará a Germania"):

X-31
El Santo Imperio llegará a Germania
ismaelitas hallarán lugares abiertos.
Asnos querrán también Carmania,
los resistentes de tierra cubiertos.

Le sainct empire viendra en Germanie,
Ismaelites trouveron lieux ouverts
Anes voudront aussi la Carmanie,
Les soustenans de terre tous couverts.

Al hablar de "ismaelitas" no hay duda que los versos se refieren a los árabes descendientes, como se sabe, de Ismael, hijo de Abraham y Agar. Las dos líneas finales no son nada claras, pero hay que recordar que ciertos pueblos de Carmania (Afganistán), según lo refiere el geógrafo griego Estrabon, llevaban los asnos a la guerra, lo que tal vez quiere decir en este contexto, que hasta los asnos que llevan los invasores querrán escapar y regresar a su lugar de origen y tan precipitada será su fuga que se cubrirán completamente de polvo. Desde luego, la alusión a Carmania se hace especialmente por necesidad de la rima con Germania, y esto nos demuestra que debemos permanecer muy atentos para evitar la interpretación puramente literal, pues como se ve en este caso, la referencia concreta es mucho más limitada que la idea que se quiere expresar, es decir, que los que huyen apresuradamente son todos los invasores islámicos y no sólo los procedentes de Afganistán, la antigua Carmania.

Algunos sucesos de Alemania y de Hungría son referidos en IX-90 en donde se habla de un importante jefe, seguramente de los musulmanes que ocupan a Alemania, que se entregará al rey francés ("al rey de reyes"), fingiendo ayudarle en la reconquista de Hungría (Panonia) aunque sus actuaciones dan origen a grandes revueltas que serán brutalmente reprimidas:

IX-90
Un gran capitán de la gran Germania
vendrá a rendirse por simulado socorro
al rey de los reyes ayuda de Panonia,
que su revuelta hará de sangre gran curso.

Un capitaine de la grand Germanie
Se viendra rendre par simulé secours
Au Roy des Roys ayde de Pannonie,
Que sa révolte fera de sang grand cours.

Se habla, entonces, de determinadas desavenencias políticas cuyo sentido no se puede aclarar, pero vale la pena citar la correspondiente estrofa ya que en ella se confirma la expulsión de los invasores del centro de Europa, siendo extraordinariamente revelador que se hable de "moros", es decir, musulmanes o islámicos expulsados más allá del Rin, pues esto confirma una vez más, si es que aún existe alguna duda, que Nostradamus profetiza una gran guerra entre los países occidentales y el islam:

VI-87
La elección hecha en Frankfurt
no tendrá lugar, Milán se opondrá.
Su más cercano parecerá tan fuerte
que más allá del Rin a los moros expulsará.

L'Election faicte dans Fruncfort,
N'aura nul lieu, Milan s'opposera:
Le sien plus proche semblera si grand fort,
Qu'autre le Rhin és mareschs cassera.

De igual manera, en VIII-10 se refiere la expulsión de los invasores de la ciudad suiza de Lausana, luego de una gran pestilencia cuyo origen será desconocido:

VIII-10
Pestilencia grande surgirá en Lausana
que no se sabrá el origen del acontecimiento,
se arrojará fuera a toda la gente lejana,
fuego divisado en el cielo, pueblo extranjero deshecho.

Puanteur grande sortir de Lausanne,
Qu'on ne scaura l'origine du fait:
Lon mettra hors toute le gent loingtaine,
Feu veu au ciel, peuple estranger desfait.

Es muy interesante lo que se dice en la última línea, ya que la misma permite concluir que el profeta vaticina grandes bombardeos, como lo hace también en otras cuartetas. Esto no deja de ser notable, pues recordemos que Nostradamus escribía en el siglo XVI cuando no se tenía ni la más mínima posibilidad de la guerra desde el aire a pesar de que en épocas anteriores genios clarividentes como Roger Bacon o Leonardo lo hubiesen anticipado. No puede haber duda, por tanto, que se trata de hechos de guerra y no como dicen algunos despistados intérpretes de la expulsión de inmigrantes extranjeros, a los cuales ciertamente no parece razonable que se les vaya a bombardear hasta dejarlos "deshechos".

Nostradamus en su estudio de Salon, cenefa que representa las doce imágenes de los signos zodiacales. En: David Ovason, Los secretos de Nostradamus, *Plaza & Janés Editores, 1999.*

M DE
NOSTRE
DAME.

F. SOLVTIO II.

EL ARMISTICIO

En este momento de la gran confrontación, exhaustas ambas partes por tan prolongados años de terribles guerras, se acuerda una tregua y, prácticamente, una alianza para consolidar la paz entre el rey Enrique y Selin, acuerdo que es sellado por un pacto matrimonial. Esto no debe extrañarnos pues así se acostumbró en la historia europea, por ejemplo el matrimonio de Napoleón con María Luisa, hija del emperador Austriaco, fuerte enemigo de los franceses durante los primeros años del siglo XIX. No hay elementos suficientes para determinar quiénes contraerán este matrimonio de conveniencia política aunque, como veremos, sí parece que la contrayente será una hija de Selin. Como resultado de este matrimonio la guerra se suspende por un tiempo y cada cual conserva los territorios ocupados hasta el momento, de tal manera que el jefe musulmán continúa gobernando en el centro de Italia, aunque aceptando el vasallaje respecto del monarca galo, al tiempo que conserva, igualmente, la ciudad de Marsella y, posiblemente, también las islas de Córcega y Cerdeña, además del Medio Oriente conquistado durante las primeras fases del conflicto. En el caso de que hubiere sido Selin –que es lo más probable–, prisionero del rey francés, naturalmente recuperará la libertad pero a condición de aceptar el vasallaje respecto de Enrique V:

Salomón Trismosin, Splender Solis, *Londres, The Bristish Library, siglo XVI. En:* Alchemy & Misticism, *Taschen, 1996.*

VIII-54
Bajo el pretexto de un pacto de matrimonio,
hecho magnánimo por (el) gran *Chirén* (con) Selin,
Quintín y Arras, recobrados en el viaje,
de españoles hecha segunda carnicería.

Soubs la couleur du traicte mariage,
Fait magnanime par grand Chyren Selin,
Quintin, Arras recouvre au voiage
D'espagnols fait second banc macelin.

En todas las ediciones de las cuartetas, *Chirén* y Selin son palabras que aparecen seguidas como si el último fuera el apellido o segundo nombre y, por ello, muchos intérpretes han creído que realmente se trata de la misma persona, es decir, del rey *Chiren Selin.* Pero la confusión entre quienes sin duda son los dos más grandes adversarios de esta gran guerra conduce a interpretaciones tan artificiosas como inaceptables, como la de afirmar, por ejemplo, que al ser *Chirén* el mismo Selin, lo que se quiere indicar es que el rey francés ha unido a su nombre el que alude a los musulmanes tradicionalmente simbolizados por Selene, la Luna (Selin), lo cual equivaldría a hablar, por ejemplo, de George W. Bush bin Laden.

Nunca debemos olvidar aquella regla del razonamiento y del método científico que consiste en aceptar, de dos explicaciones posibles, la más sencilla y natural que, como es evidente en el caso examinado, es la de que los citados nombres propios aluden a dos personas distintas y no a alguien que se llama a sí mismo con un nombre prestado de sus enemigos.

Vale la pena recordar lo que ya se ha insinuado: hay un temor reverencial y casi supersticioso que pretende mantener la integridad de los textos del profeta como si se tratara de algún libro sagrado. Quienes así piensan, creen que enmendar uno de tales textos, agregando las preposiciones o la puntuación que una razonable interpretación lógica y contextual hacen necesarias, es poco menos que una herejía. Deberían, más bien, considerar que el mejor homenaje que se hace al gran vidente es tratar de demostrar que su obra tiene sentido, y que no se trata de los delirios de una mente enfermiza o de las especulaciones incoherentes de un fantasioso astrólogo o audaz charlatán.

Nunca debe perderse de vista, además, que una de las trampas más frecuentes y de las más insidiosas que el profeta esparció por toda su obra, fue precisamente la supresión de determinadas palabras, especialmente las preposiciones indispensables. Por lo tanto, en la expresión "el gran Chirén Selin", de la cuarteta VIII-54 debemos añadir la preposición "con"; así el texto cobra pleno sentido, y un misterio que ha hecho correr ríos de tinta, desaparece como por arte de magia. *¡Fiat lux!*:

Bajo el pretexto de un pacto de matrimonio,
hecho magnánimo por (el) gran Chirén (con) Selin.

Es decir, Chirén será magnánimo con Selin gracias a un pacto de matrimonio, el cual sirve para refrendar un tratado de paz, como lo fue, para citar otro ejemplo, el matrimonio de Felipe II de España con Isabel de Valois (1559), hija de Enrique II de Francia, que reforzó el tratado de paz de Cateau-Cambrésis entre España y Francia.

Agregan los versos que, en su retorno a Francia, el rey Enrique se dirige al norte y recupera las ciudades de San Quintín y Arrás, las cuales aún resistían el ataque occidental. Se habla, finalmente, de una gran matanza de españoles ("carnicería") pero no se dice en qué lugar ocurrirá tal hecho; tal vez se hace aquí una alusión histórica a sucesos ocurridos en el siglo XVI, en el curso de las guerras entre Francia y España y de ahí que se diga que sea la "segunda carnicería de españoles".

La cuarteta VIII-94 parece concordar con la anterior, ya que habla de una derrota de los españoles a manos de los albaneses y, aunque no es fácil precisar el lugar donde ello sucederá, pues sólo se dice que esto ocurrirá "ante el lago donde el más querido fue echado de siete meses y su huésped derrotado... serán los hispanos por los albaneses vencidos"(*Devant le lac oú plus cher fut gette /...Seront Hyspans par Albannois gastez*), vale la pena destacar que la cuarteta citada, enfrenta a los españoles con los albaneses y esto demuestra, una vez más, que tropas procedentes de la musulmana Albania tomarán parte decisiva en la gran guerra. Por ello y siempre de acuerdo con el contexto, puede pensarse que tal hecho ocurrirá en Italia, en donde, como lo hemos ya mencionado, las tropas albanesas tendrán papel fundamental. Las tropas españolas se han incorporado al gran ejército occidental, después de la liberación de España, y por esto forman parte de la gran coalición dirigida por *Chirén* en contra de los invasores. Este hecho, seguramente, ocurrirá poco antes del armisticio entre los occidentales y Selin.

En III-38 se reitera la firma de este acuerdo entre "la gente gala y la nación extranjera", después de las grandes batallas en el norte de Italia ("más allá de los montes", es decir, los Alpes) con su cosecha de "muertos, presos y afligidos". Este armisticio se hará en la época de la vendimia, es decir, de recolección y cosecha de la uva, aunque también puede tratarse de una metáfora para hablar del provecho o fruto abundante que recogerán los occidentales después de tan largos años de guerra:

III-38
La gente gala y la nación extranjera
más allá de los montes, muertos, presos, afligidos,
al menos contrario y próximo de la vendimia,
por los señores en acuerdo firmado.

La gent Gauloise & nation Estrange,
Outre les monts, morts, prins & profligez,
Au moins contraire et proche de vendange,
Par les seigneurs en accord redigez.

También en la cuarteta XI-58 se alude claramente a este acuerdo, precisando que uno de los monarcas será vasallo del rey francés:

XI-58
Para el crecimiento de Francia
alianzas se encontrarán,
dos grandes reinos se juntarán,
francés tendrá sobre ellos poder.

Pour l'accroissement de la France,
Alliances se trouveront
Deux grands Royaumes se joindront,
Francois aura sur eux puissance.

La sextilla 57, por su parte, permite inferir que uno de los contrayentes del matrimonio con que se formaliza el tratado de paz, será una hija de Selin, que posiblemente se casará con un pariente próximo del monarca francés:

S-57

Poco después la alianza hecha,
antes de solemnizar la fiesta
el emperador todo lo turbará
y la nueva desposada
al país franco por fuerte vínculo,
poco tiempo después morirá.

Peu aprés l' aliance faicte,
Avant solemniser le feste,
L'Empereur le tout troublera,
Et la nouvelle mariée,
Au franc pays par fort liée,
Dans peu de temps après mourra.

Al decir que el emperador "todo lo turbará", quizá se quiera significar que una vez consolidado su triunfo y firmado el tratado de paz con los islámicos, dictará gran cantidad de medidas para reorganizar la marcha de su vasto imperio. Esta estrofa es bien reveladora porque alude a un hecho futuro y no al matrimonio de Napoleón con la princesa María Luisa de Habsburgo en 1810, según lo han interpretado algunos comentaristas, toda vez que en los versos que examinamos, claramente, se dice que la nueva desposada "poco tiempo después morirá", lo que no ocurrió con la segunda esposa de Napoleón, quien sobrevivió treinta y siete años a su matrimonio con el gran corso.

Pero este matrimonio político será desgraciado pues, desde el principio, las relaciones entre el esposo, su madre y la cónyuge no serán buenas y posteriormente el hijo de la pareja morirá, tal vez en el parto:

X-55
Las infelices bodas se celebrarán con gran alegría
pero el fin será desgraciado,
marido y madre desdeñarán a la nuera,
el hijo ("le Phibe") morirá y la nuera más lastimada.

Les malheureuses nopces celebreront
En grande ioye: mais la fin malheureuse,
Mary & mere nore desdaigneront,
Le Phibe mort, & nore plus piteuse.

El acuerdo mediante el cual el rey galo se ha emparentado con el jefe musulmán no será del agrado de los aliados del primero: ni los ingleses (leones), ni los norteamericanos (águilas), ni tampoco la Iglesia (cruz) aprueban esta unión pues, de alguna manera, verán en ello una claudicación por simples intereses políticos que sólo favorecen a Francia, que ha vendido la causa occidental a cambio de la paz (corona vendida):

VI-71
Cuando se llegue a emparentar al gran rey,
antes de que tenga el alma rendida del todo
aquel que le vendrá menos a lamentarse,
por leones, de águilas, cruz, corona vendida.

Quand on viendra le grand Roy parent
Avant qu'il ait du tout l' ame rendué:
Celuy qui moins le viendra lamenter
Par Lyons, d'Aigles, croix, couronne vendue.

No sabemos a qué se refiere la expresión contenida en la segunda línea, en el sentido de que estos hechos ocurrirán "antes de que tenga el alma del todo rendida". Tal vez podría pensarse que *Chirén*, ya cansado, ha perdido su belicosa actitud de otras épocas y ahora se inclina más por los acuerdos diplomáticos, lo que es visto por muchos como una rendición del espíritu guerrero que lo llevó al triunfo y la gloria. También es válido suponer que en esta forma se anuncia la próxima muerte del monarca, pero esta interpretación no concuerda con la cronología que se prevé para su reinado, según se verá

De acuerdo con IV-77, la paz durará un tiempo que al parecer puede ser relativamente dilatado, pues al reinado de Enrique V se pronostica largo tiempo de paz, antes de su muerte. Recordemos que, de acuerdo con el armisticio, Selin continuará gobernando en parte de Italia pero en condición de vasallo del rey francés, por lo que se dice que "los reinos estarán unidos":

IV-77
Cuando Selin reine, Italia estará en paz,
los reinos estarán unidos, habrá un rey cristiano del
[mundo
que al morir querrá reposar en tierra de Blesois
después de haber echado del mar a los piratas.

Selin Monarque l'Italie pacifique,
Regnes unis, Roy Chrestien du monde,
Mourant voudra coucher en terre blesique,
Apres pyrates avoir chassé de l'onde.

Después de varios años de paz morirá el rey Enrique y, como es natural, querrá ser enterrado en Blesois o Blaisois, región de Francia cuya capital es Blois, ciudad cuya importancia histórica en estos años ha sido indicada con anterioridad. Antes de su muerte, *Chirén* ha limpiado de piratas islámicos el Mediterráneo. Téngase en cuenta, sin embargo, que la muerte del monarca francés ocurrirá después de varios años y no de manera tan inmediata como podríamos inferir de la simple lectura de esta cuarteta. Recordemos que el vidente muchas veces mezcla los planos temporales para presentar una visión de conjunto relativa a un mismo hecho o un mismo personaje, de tal manera que, en una misma estrofa, pueden aparecer sucesos distanciados en el tiempo. Éste es, desde luego, otro artificio del que se vale para encubrir el sentido de sus enigmáticos versos.

El armisticio celebrado entre el monarca francés y Selin, en la práctica es una victoria para éste último que, como se ha dicho, ha conservado parte de sus conquistas en Italia y Oriente así como la ciudad de Marsella y las islas de Córcega y Cerdeña, posiblemente también Malta. Las ciudades italianas del norte, Milán y Génova y la región del Ticino aceptan los tratados de paz, al tiempo que los ciudadanos de Roma, donde Enrique luego será solemnemente coronado por el papa, aclaman la entrada de las tropas americanas ("el águila aclamada"). Finalmente todos aceptan que Selin, en su condición de vasallo del rey francés, gobierne nominalmente en Italia (reclaman un *basil*, palabra que corresponde a un jefe administrativo musulmán) lo cual, como se dijo, dará a Italia la anhelada paz.

VI-78
Cantar victoria del gran Selin creciente,
por los romanos será el águila aclamada,

Ticino, Milán y Génova lo consienten
después por ellos mismos basil gran reclamado.

Crier victoire du grand Selin croissant,
Par les Romains sera l'Aigle clamé,
Ticcin, Milan & Gennes y consent,
Puis par eux mesmes Basil grand reclamé.

En estos momentos se completan siete papas desde que el conflicto se inició: el papa sabino, el primer papa francés y los cinco de Aviñón; ésta es una importante clave para establecer la duración de la primera fase de la guerra, ya que allí se indica que los islámicos sólo serán derrotados después de que siete lleguen a la jerarquía. De acuerdo con el cariz religioso que el profeta le da a la gran contienda y también por la importancia que le concede al papado como institución fundamental de Occidente, es natural que la jerarquía a la que se refiera esta estrofa sea justamente la de los pontífices católicos. De todas maneras, al final la justicia se impondrá en todo el Occidente gracias al rey francés sostenido por el poderío bélico norteamericano:

IV-50
Libra verá reinar a Hesperia
en el cielo y la tierra guardará la monarquía,
de Asia las fuerzas ninguno verá perecidas
(hasta) que siete no tienen por rango la jerarquía.

Libra verra regner les Hesperies,
De ciel & terre tenir la Monarchie
D'Asie forces nul se verra peries
Que sept ne tiennent par rang la hierarchie.

Al hablar de Libra, más que aludir al signo zodiacal de este nombre, creemos que se habla de la justicia simbolizada por la balanza que distingue a Libra. *Hesperia,* en este contexto, significan los occidentales en general. Los norteamericanos sostendrán el gobierno monárquico del rey francés gracias a su poderío tanto en el aire como en la tierra ("en el cielo y la tierra guardará la monarquía").

Dentro de los acuerdos establecidos en el armisticio, como es natural, se pacta la entrega de todos los prisioneros que durante estos largos años han permanecido cautivos en poder de los musulmanes ("la selina bandera"):

II-79
La barba rizada y negra por astucia
someterá la gente cruel y fiera
el gran *Chirén* sacará a lo lejos,
a todos los cautivos por selina bandera.

La barbe crespe & noire par engin
Subinguera la gent cruelle & fiere:
Un grand Chyren ostera du lungin
Tous les captifs par Seline banniére.

Estas estrofas son importantes desde el punto de vista de la exégesis de la obra nostradámica, pues permiten hacer una lógica distinción entre ambos personajes, el rey *Chirén* por una parte y Selin, el supremo jefe musulmán, por otra, quien ha sometido al cautiverio a los prisioneros que liberará el rey francés. Según se ha visto, estos dos grandes personajes frecuentemente son identificados como uno solo, *Chirén Selin*, y esto se debe tanto a la oscura redacción de varias cuartetas como a errores de edición o trascripción, sin olvidar, por supuesto, la deliberada intención de encubrimiento de Nostradamus.

El "jefe de barba rizada" de que hablan estos versos posiblemente es el mismo a que se alude en III-43 de quien se dijo que, después de derrotar a los franceses en Ancona y cerca de Roma, hizo un trofeo de su victoria. Y, seguramente, es el mismo que se apoderó de la Ciudad Eterna y perpetró los grandes ultrajes a la desfalleciente Iglesia. Por tanto los prisioneros, de quienes se dice que serán liberados por el acuerdo entre los combatientes, son principalmente los que cayeron en poder de los musulmanes durante la conquista de Italia. De dicho gobernante se dice que someterá a la fiera y cruel nación, es decir, a los propios correligionarios islámicos, gracias a su astucia; es decir que será el verdadero poder detrás de Selin, quien sólo gobierna en forma nominal.

Ottoman tughra. Seal and Signature of Abdul-Medjid Ibn Mahmud, Sultan of Turkey (1822-1861). En: Ernst Lehner, Symbols, Signs & Signets, *Dover, 1950.*

EL NUEVO SACRO IMPERIO ROMANO

Después de estos hechos, y gozando de paz toda Europa, el rey Enrique será investido como emperador de un nuevo Sacro Imperio romano, lo cual ocurrirá en la ciudad de Roma de acuerdo con los tratados celebrados con Selin, quien ha aceptado ser vasallo del monarca galo. Este será coronado en la Ciudad Eterna como lo fuera Carlomagno en el año 800 de nuestra era por el papa León III. Al sumo pontífice que ungirá a *Chirén*, Nostradamus lo llama *el augur*, vale decir, el gran oficiante de la antigua religión romana, supremo sacerdote y canal de la voluntad divina para dar comienzo al nuevo imperio. Esta cuarteta es, sin duda alguna, el punto cenital de toda la obra del gran vidente.

V-6
Al rey el augur pondrá la mano sobre la cabeza,
vendrá a rogar por la paz itálica,
a la mano izquierda vendrá a cambiar el cetro,
de rey se convertirá en emperador pacífico.

Au Roy l'augur sur le chef la main mettre,
Viendra prier pour la paix Italique:
A la main gauche viendra changer le sceptre,
De Roy viendra Empereur pacifique.

Estatua ecuestre de Carlo Magno, *siglo* IX. *En: Michel Laclotte,* Treasures of the Louvre, *Artabras, 1994.*

Tanto los pontífices como los augures, ostentaban las más importantes magistraturas religiosas de la antigua Roma. Estaban encargados de las ceremonias y les correspondía auscultar la voluntad de los dioses ejerciendo, por ello, gran poder político.

Como lo refiere Tito Livio, Numa Pompilio, el segundo rey legendario de Roma fue investido de su poder por el supremo augur, quien aprobó su elección como procedente de la voluntad divina. En solemne ceremonia el augur hizo pasar su bastón ceremonial llamado *lituus* a la mano izquierda, al tiempo que colocaba la derecha sobre la cabeza del nuevo rey pidiendo a los dioses que dieran claras señales de su aprobación. Así, Numa Pompilio se convirtió en el segundo rey de Roma, siendo su reinado un período de paz y bienestar para todo su pueblo. Y aunque la figura de Numa se dibuja en la leyenda de los primeros tiempos de lo que llegaría a ser un imperio universal, para los romanos representaba el orden legal unido íntimamente al religioso, orden de felicidad y de paz aprobado por los dioses. Enrique V, al igual que Numa, dará origen a un nuevo imperio universal para cumplir los designios divinos.

De esta manera, Nostradamus se vale de esta tradición para evocar un elocuente y profundo arquetipo de lo que será el futuro reinado de Enrique V: gobernante aprobado e investido por el mismo Dios para gobernar un Imperio Universal que dará origen a un largo período de paz. Esta identificación del augur y del papa, es un buen ejemplo de comparación simbólica, pues las funciones del antiguo sacerdote, en ejercicio de las cuales tenía la potestad de consagrar a los primeros reyes de Roma auscultando para ello la voluntad de los dioses, son atribuidas comparativamente al papa, para lograr de esta manera un poderoso efecto descriptivo cargado de hondo simbolismo.

Nostradamus no disimula la emoción que le produce el reinado de Enrique V, al que pondera con exageración:

VI-70
El gran *Chirén* será el jefe del mundo,
ningún otro más amado, temido, respetado:
Su renombre y alabanzas los cielos sobrepasarán,
y del solo título de vencedor estará muy contento.

Au chef du monde le gran Chyren sera,
Plus outre apres aymé, craint, redouté:
Son bruit & lors les cieux surpassera,
Et du seul tiltre victeur fort contenté.

RUPTURA DEL ARMISTICIO

Según V-78 la paz en Italia durará trece años, después de los cuales se reemprenderán las hostilidades con renovado furor. Selin, a quien se nombra en esta cuarteta como "bárbaro sátrapa" –apropiada denominación que corresponde, como se sabe, a quienes gobernaban a nombre del rey persa las provincias de su gran imperio– sufre, después de algún tiempo de lucha, grandes derrotas en el frente occidental y en el oriental ("por ambos lados tendrá tal pérdida"):

V-78
No estarán unidos los dos mucho tiempo
y pasados trece años el bárbaro sátrapa
por ambos lados tendrá tales pérdidas
que uno bendecirá la barca y su capa.

Les deux unis ne tiendront longuement,
Et dans treize ans au Barbare Satrappe,
Aux deux costez feront tel perdement,
Qu'un benira la Barque & sa cappe.

No es claro el sentido de la última línea, aunque sabemos que, en general, cuando se habla de "la barca", se alude a la Iglesia. Por ello podría pensarse que lo que se quiere indicar es que, luego de estas luchas en las que Selin sufrirá tan grandes pérdidas, el poder de la Iglesia

R. Fludd, El caos de los elementos en el principio de la creación del mundo, *grabado, Utriusque Cosmi Historia, 1617. En: Hans Biedermann,* Diccionario de símbolos, *Ediciones Paidós, 1993.*

en Italia se restablecerá plenamente gracias a la "bendición" del rey francés que, como Carlomagno, se ha convertido en el nuevo protector de la Iglesia romana que estuvo a punto de desaparecer en el conflicto; es posible que, una vez reiniciadas las hostilidades, la sede romana, que había sido restablecida nuevamente, deba ser trasladada momentáneamente, o también que esto no sea necesario si Roma es pronto abandonada por los islámicos como parece ser, pero ninguna de estas posibilidades encuentra suficiente respaldo en las *Prophéties*.

De acuerdo con nuestra interpretación de la Centuria I cuarteta 36, *Chirén* se arrepentirá tarde de no haber dado muerte a su enemigo cuando lo derrotó en el norte de Italia:

I-36
El monarca se arrepentirá tarde,
de no haber dado muerte a su adversario,
pero consentirá mucho más,
que toda su sangre por muerte hará deshacer.

Tard le Monarque se viendra repentir,
De n' avoir mis a mort son adversaire,
Mais viendra bien a plus hault consentir
Que tout son sang par mort fera deffaire.

Las dos últimas líneas de esta estrofa hablan de las represalias que, en contra de los parientes de Selin, aceptará el monarca francés que tomen sus subordinados ("consentirá") pues claramente se da a entender, que todos los familiares de su enemigo serán ejecutados. De acuerdo con la mentalidad del vidente ésta será, desde luego, una acción justa.

En otra de las cuartetas que hemos llamado "panorámicas", el profeta aclara que la tercera guerra mundial tendrá dos etapas determinadas en las cuales la suerte de los contendores se alternará de tal manera que cada uno de ellos tendrá la supremacía por dos veces, y se encontrará a la defensiva, correlativamente, por otras dos. La gran conflagración terminará cuando el adversario de Occidente, después de muchos combates, se vea obligado a huir por mar pues, "por necesidad cederá". Esta estrofa es también importante pues nos revela el alcance mundial de la conflagración, es decir, que esta será realmente entre el Oriente y el Occidente, o sea entre el mundo musulmán y el cristiano.

Recapitulando lo que se ha expuesto sobre la cronología del conflicto, podemos decir, por tanto, que éste se iniciará pasados cincuenta y siete años después de la segunda guerra mundial (X-89), que en total durará veintisiete años (VIII-77) divididos en dos etapas: los primeros veinte años con predominio musulmán (I-48), luego trece años de paz (V-78) y, finalmente, siete años finales que tardan los occidentales en derrotar por completo al islam, ya en su propio territorio. Según lo anterior la paz definitiva y la edad de oro subsiguiente, sólo sobrevendrán hacia el año 2040-2045, unos quinientos años después de escritas las profecías de Nostradamus, cuando, según él mismo profetiza, sus vaticinios se harán comprensibles (III-94).

VIII-59
Por dos veces arriba, por dos veces abajo
Oriente y también Occidente desfallecerá
y su adversario, después de muchos combates,
por mar expulsado por necesidad cederá.

Par deux fois hault, par deux fois mis 'a bas
L' orient aussi l'occident foiblira
O on adversaire apres plusieurs combats,
Par mer chassé au besoing faillira.

Lo anterior significa, por lo tanto, que el islam tendrá el predominio bélico en dos momentos: al inicio de la guerra y, posteriormente, cuando se reemprendan las hostilidades. Estas se reanudan al quebrantar Selin el armisticio, pues como se explica en VI-58, el jefe musulmán lanza un gran ataque aéreo sobre las posiciones francesas, ataque de tal magnitud que, metafóricamente afirma el profeta, "el Sol será oscurecido por Selin"; los resultados, sin embargo, al final le serán adversos ya que los aliados le arrebatarán entre otros territorios, las islas de Córcega y Cerdeña (las islas), lo mismo que los territorios que aún conservaba en el centro de Italia (Siena), y como veremos, el puerto de Marsella en la costa mediterránea francesa.

VI-58
Entre los dos monarcas alejados
cuando el Sol sea oscurecido por Selin,
enemistad grande entre los dos indignados
que a las islas y Siena la libertad devuelta.

Entre les deux monarcques esloignez,
Lorsque le Sol par Selin clair perdue,
Simulté grande entre deux indignez,
Qu'aux Isles & Sienne la liberté rendue.

La ofensiva de los musulmanes será respondida de inmediato por *Ogmios*, que ataca Marsella, ciudad en la cual muere Selin, lo que, naturalmente, causa gran aflicción a su pueblo:

V-19
Al gran real de oro se le añadirá bronce,
rota la paz, un joven declarará la guerra:
Pueblo afligido por un jefe lamentado
la tierra será cubierta de sangre bárbara.

Le grand Royal d'or, d'airain augmenté
Rompu la pache, par ieune ouverte guerre,
Peuple affligé par un chef lamenté,
De sang barbare sera couverte terre.

El verso se inicia con una metáfora que no sabemos exactamente a qué se refiere, pero lo cierto es que *Ogmios,* quien al parecer ejerce funciones de gobierno cedidas por su padre, ataca a Marsella que, por entonces –recordémoslo– llevaba varios años de ser una ciudad completamente musulmana. En el curso de los combates muere Selin quien se encontraba al frente de los defensores del puerto.

I-94
En Puerto Selin el tirano ha muerto
la libertad no por eso recobrada,
el nuevo Marte por venganza y remordimiento
dama por fuerza de horror honrada.

Au port Selin le tyran mis a mort
La liberté non pourtant recouvree:
Le nouveau Mars par vindicte et remort,
Dame par force de frayeur honnoree.

La muerte del gran jefe islámico no da por terminada la guerra, pues su sucesor ("el nuevo Marte"), la continúa con más bríos. En la última línea, Nostradamus hace una alusión cuyo sentido no es fácil de determinar, pero apremiando bastante la imaginación podría decirse que, tal vez, se refiere al comportamiento heroico de alguna mujer que, por su valor, será merecedora de gran reconocimiento en estos momentos de horror, que son siempre los de ese furor demencial que es la guerra. Pero esta dama, puede ser más bien, la personificación literaria de la venganza que los musulmanes tratarán de hacer ante la muerte de Selin.

Finalmente, y a pesar de la tenaz resistencia de sus defensores, la ciudad al fin es tomada por *Ogmios*, a quien también se llama aquí Hércules, como en su gran triunfo inicial en Bourges. Estas estrofas confirman que Marsella (Puerto Selin) ha permanecido por largo tiempo en paz y bien fortificada contra cualquier ataque: "largo reposo de la plaza asegurada", dice el vidente. Se indica, además, que la toma de la ciudad se hará mediante el uso de una especie de "fuego griego", o *napalm* o arma similar.

IV-23
La legión en la flota marinera,
calcinarán con grandes fuegos de azufre y pez
[quemarán,
el largo reposo de la plaza asegurada,
Puerto Selin, el fuego de Hércules los consumirá.

La legión dans la marine classe,
Calcine, Magnes soulphre & poix bruslera:
Le long repos de l' assuree place,
Port Selyn, Hercle feu les consumera.

La destrucción del puerto de Marsella por el fuego producido por poderosas bombas incendiarias ("globos horribles, espantosos") es corroborada por V-8, donde se habla además de un "muerto escondido" (tal vez el cadáver de Selin, que al principio se trata de ocultar para evitar la desmoralización de los defensores islámicos); la última línea termina con el calificativo que aplica a esta ciudad como "favorable al enemigo", lo que concuerda con el hecho ya citado de haberse convertido Marsella en una ciudad musulmana, contrariando, por causa de tan extraordinarias circunstancias, toda su historia de gran ciudad gala del Mediterráneo.

V-8
Será soltado fuego vivo, el muerto escondido,
dentro los globos horribles, espantosos,
de noche sobre ciudad marina en polvo convertida,
la ciudad en fuego, al enemigo favorable.

Sera laissé feu vif, mort caché,
Dedans les globes horribles espouvantable,
De nuict 'a classe cité en poudre lasché,
La cité 'a feu, l' ennemy favorable.

En VI-34 se corroboran estos pronósticos, pues se habla del "fuego volante" (*feu volant*) y de la turbación del "gran jefe asediado" (*troubler au grand chef assiegez)*. Por su parte, en X-88, claramente se habla de la rendición de la ciudad y su caída en manos de los atacantes: "En el puerto de Marsella entrará, /lloros, gritos, sangre, nunca ningún tiempo tan amargo" *(Dedans le port entrera de Marseille, /pleurs, crys & sang, onc nul temps si amer)*.

Como resultado de esta gran acción bélica, los franceses harán un gran número de cautivos, principalmente de musulmanes marselleses, los cuales serán deportados a Córcega y Cerdeña, en donde sufrirán grandes penurias y, al final, serán sometidos a las normas dictadas por el gobernante francés ("nuevo rey"), que puede ser el mismo *Ogmio*s ya que, al parecer, por esta misma época muere *Chirén. Ogmios*, mediante un edicto, les otorgará un estatuto especial y relativa libertad para practicar su religión, con lo que se imitan las acertadas medidas que en su tiempo dictó Enrique IV en el Edicto de Nantes (1598). En la cuarteta se habla, además, de un monstruo, alguien "que nace con los dientes en la garganta", extraña alusión cuyo sentido se nos escapa. Muy gráficamente se refiere la profecía a que tanta será el hambre de los deportados, que "sacudirán los árboles" en busca de alimento.

II-7
Entre muchos a las islas deportados,
uno habiendo nacido con los dientes en la garganta,
morirán de hambre los árboles sacudidos,
por ellos un nuevo rey nuevo edicto se forja.

Entre plusieurs aux isles deportez,
L'un estre nay a deux dents en la gorge:
Mourront de faim les arbres esbrotez,
Pour eux neuf Roy, nouvel edict leur forge.

Con estas nuevas victorias sobre sus enemigos, los aliados occidentales avanzan hacia el centro y el sur de Italia. Hasta que un "viejo jefe británico llega hasta Roma" (¿el general *Aenobarbo*?), que al parecer ya ha sido desocupada por los islámicos. Los franceses son llamados "el pueblo celta", como siempre siguiendo la costumbre del profeta de dar distintos nombres a los mismos protagonistas, unas veces por necesidades de la versificación y también por el consabido propósito de velar sus predicciones. En esta campaña intervienen, como en las anteriores de la primera fase, "el león", que ya sabemos que heráldicamente corresponde a los británicos y la "falange aquilea" (del águila), los norteamericanos, además de los franceses ("el pueblo celta"). Se nombran algunas ciudades como puntos cardinales de los ataques aliados o como frentes de sus ejércitos:

V-99
Milán, Ferrara, Turín y Aquilea (Venecia),
Capua, Brindisi serán vejadas por el pueblo celta,
por el león y la falange aquilea
cuando el viejo jefe británico esté en Roma.

Milan, Ferrare, Turín, & Aquilleye,
Capne, Brundis vexez par gents Celtique:
Par le Lyon & phalange aquilee
Quand Rome aura le chef vieux Britannique.

En este momento llega a Marsella, que ya fue reconquistada por los occidentales a sangre y fuego, tal como se ha referido, una armada occidental angloamericana ("aliados"), una parte de la cual enfilará luego hacia Venecia. Allí desembarcará un gran contingente de tropas que se dirigirán hacia Hungría (los panonios), para seguir luego, una vez controlada la costa del noroeste del Adriático, a cañonear las posiciones que todavía conservan los mahometanos en Sicilia y la costa de Liguria:

IX-28
Vela aliada puerto marsellés
del puerto de Venecia marchar a los panonios
a partir del golfo y seno ilírico
devastar a Sicilia y cañonear a los ligures.

Voille Symacle port Massiolique,
Dans Venise port marcher aux Pannons:
Partir du goulfre & Synus Ilyrique,
Vast a Sicille, Ligurs coups de canons.

Al avanzar los occidentales hacia el centro de Italia, cerca de Parma el ejército musulmán sufre gran descalabro, al ser emboscado por tropas norteamericanas y, probablemente, rusas (a quien se llama *los dos rojos* por sus ideas democráticas y republicanas, ya que, tradicionalmente, el rojo ha sido simbólico de ideas radicales o revolucionarias, como le debieron parecer a un devoto monárquico como Nostradamus las modernas ideas igualitarias). Este hecho ocurre antes de la muerte de "un grande" en Roma, personaje que no podemos identificar, aunque puede tratarse de un papa, pues ya sabemos que Nostradamus emplea indistintamente dicha expresión. En tal caso recordemos que Roma ya ha sido recobrada por un jefe británico según se acaba de mencionar:

V-22
Antes de que en Roma el grande haya rendido su alma,
gran espanto en el ejército extranjero,
los escuadrones (realizarán) la emboscada cerca de [Parma,
después los dos rojos compartirán juntos.

Avant qu'a Rome grand aye rendu l' ame,
Effrayeur grande à l' armee estrangere:
Par esquadrons l' embusche pres de Parme,
Puis les deux rouges ensemble feron chere.

Incapaz de resistir la ofensiva de los occidentales, el jefe musulmán, que ya hemos mencionado como el de *pelo negro rizado*, abandonará Italia y se dirigirá a Epiro, región griega cercana a Albania, país este de donde quizá es oriundo este jefe que, como sabemos, fue el responsable del saqueo a Roma. Allí recibirá refuerzos procedentes del Oriente próximo (Antioquía), donde todavía son fuertes los islámicos. Gracias a esta ayuda, podrá mantener, por el momento, en todo el Este las posiciones militares del imperio mundial del islam, fundado al inicio de la guerra por el pretendido *Mahdi*:

I-74
Después de su estancia navegarán hacia Epiro,
el gran socorro vendrá de Antioquía,
el negro pelo rizado tendrá fuerte el imperio,
barba bronce se asará en el espetón.

Apres sejoruné vogueront en Epire,
Le grand secours viendra vers Antioche:
Le noir poil crespe tendrá fort a l'Empire,
Barbe d' aerain se rostira en broche

Muy posiblemente la última línea, que alude a quien se llama "barba de bronce", se refiera a *Aenobarbo*, general inglés y personaje que ya hemos mencionado varias veces, quien se caracteriza por su barba rojiza. No obstante, la metáfora según la cual "su barba se asará en el espetón", es muy oscura y realmente no es posible saber a qué circunstancia especial se refiere, aunque puede tratarse de una derrota a manos de los islámicos que, como se acaba de decir, todavía son fuertes en el Oriente, aunque han perdido definitivamente la guerra en el Occidente.

Adivino del siglo xvii, *grabado. En: Allan Zola Kronzer y Elizabeth Kronzer,* El diccionario del mago, *Ediciones B, 2002.*

EL GOBIERNO DE *OGMIOS*

En estos momentos, *Ogmios* llega hasta Roma acompañado de gran cantidad de personas que se exiliaron o fueron proscritas durante tantos años de dominio musulmán. El papa les da una gran acogida y les brinda su protección ("pondrá en puerto") a todos los que, procedentes de los Alpes, se han unido al ejército dirigido por el gran jefe galo en la campaña libertadora de Italia:

VI-28
El gran céltico entrará en Roma
conduciendo multitud de exiliados y expulsados.
El gran pastor pondrá en puerto todo hombre
que por el gallo estuviere en los Alpes unido.

Le grand Celtique entrera dedans Rome,
Menant amas d'exilez & bannis:
Le grand pasteur mettra a port tout homme
Qui pour le coq estoyent aux Alpes unis.

Al ser conquistada toda Italia, *Ogmios* sucederá a Selin quien, como se ha dicho, gobernó durante varios años la península como vasallo del monarca francés. Se indica en la estrofa siguiente que el joven guerrero galo tiene cierto defecto físico, pero gran habilidad como gobernante por lo que alude a él como *prudente con-*

Subramanja. Dios de la Victoria. *En: Ernst Lehner,* Symbols, Signs & Signets, *Dover, 1950.*

trahecho, lo cual coincide plenamente con la profecía de la cuarteta III-91 en la que se habla "del príncipe renqueante":

VI-42
A *Ogmios* le será dejado el reino
del gran Selin, que un hecho más hará.
A través de Italia extenderá su enseña
y será regido por un prudente contrahecho.

A logmyon ser laissé le regne,
Du grand Selin, qui plus fera de faict:
Par les Itales estendra son enseigne,
Regi sera par prudent contrefaict.

Examinando los versos de IX-33, que se armonizan perfectamente con las cuartetas anteriormente citadas, tenemos que *Ogmios* (o Hércules) será también el nuevo rey de Roma y de Annemarc (la marca de Ancona) y, además, el jefe de los tres ejércitos que conquistan toda Italia: franceses, británicos y americanos; hará "temblar la ola de San Marcos" que, más que una alusión a la ciudad de Venecia, se refiere a todo el Adriático, siendo por ello el "primero sobre todos monarca afamado".

IX-33
Hércules rey de Roma y de Annemarc.
De Galia, tres el guía apodado,
temblar Italia y la ola de San Marcos,
primero sobre todos monarca afamado.

Hercules Roy de Rome & d'Annemarc,
De Gaule trois Guion sernommé,

Trembler l' Itale & onde de sainct Marc,
Premier sur tous monarque renommé.

A pesar de su juventud, *Ogmios* gobernará la gran Romaña (centro de Italia) y luego de un tiempo, ya ungido como sucesor de *Chirén*, o sea como emperador de Europa, se dirigirá en persona a combatir a los musulmanes en el Medio Oriente, llegando incluso hasta el Cáucaso, a la región de Armenia donde, como sabemos, los mahometanos establecieron, desde el principio de la guerra, su cuartel general:

V-50
El año en que los hermanos de lis tendrán la edad,
uno de ellos dominará la gran Romaña,
temblar los montes, abierto el latino paso,
la paz marchará contra las fuerzas de Armenia.

L'an que les fréres du lys seront en aage,
L'un d'eux tiendra la grand Romanie:
Trembler les monts, ouvert Latin passage,
Pache marcher contre fort d'Armenie.

En estos versos encontramos la confirmación de que, ciertamente, *Ogmios* es hijo de *Chirén*, ya que se habla de su estirpe al referirse a la flor de lis, que es el emblema de la monarquía francesa. Aquí se alude a otro de sus hermanos, que encontrará la muerte en forma accidental en la época en que lucha contra los musulmanes en Hungría:

X-63
Cidrón, Ragusa, la ciudad de San Hierón
reivindicarán el mendicante socorro,

el hijo del rey morirá por dos garzas,
el árabe y Hungría seguirán un mismo curso.

Cydron, Raguse, la cité au sainct Hieron,
Revendira le mendicant secours:
Morts fils de Roy par mort de deux heron,
L'Arabe, Ongrie feront un mesme cours.

Las ciudades citadas quedan en las costas de la antigua Yugoslavia y a ellas se alude como escenarios de la campaña en la cual morirá uno de los hijos de Enrique V en circunstancias que no son nada claras ("por dos garzas"), quizá por una celada tendida por medio de dos heraldos, pues J. Ch. de Fontbrune, cree que la palabra "Heron" que significa "garza", en realidad es una modificación de *hérauts*, heraldos. Después de esto, el territorio húngaro y los invasores serán sometidos por las tropas occidentales, por lo cual se dice que "seguirán un mismo curso".

En IX-89, se habla de uno de los grandes jefes franceses, de nombre Felipe, quien luego de grandes triunfos sobre los mahometanos, caerá finalmente en desgracia con *Ogmios:*

IX-89
Siete años de próspera fortuna tendrá Felipe,
abatirá el esfuerzo de los árabes
luego su apogeo perplejo, asunto complicado,
joven *Ogmión* doblegará su fuerza.

Sept ans sera Philip, fortune prospere,
Rabaissera des Barbares l'effort:
Puis son midi perplex, rebours affaire,
Jeune ogmion abysmera son fort.

Aunque con buenas razones, muchos intérpretes creen que esta estrofa se refiere al reinado de Luis Felipe (1830-1848), durante el cual se completó la conquista de Argelia, la mención que se hace de *Ogmios* u *Ogmión*, permite descartar esta explicación ya que debemos mantener la necesaria armonía y convergencia entre los textos proféticos que examinamos. También podemos pensar que al decir que *Ogmios* *"doblegará su fuerza"*, alude a la de los "bárbaros" y no a la de Felipe, lectura más congruente con el contexto y que por ello es preferible.

Durante varios años el gobierno del Imperio europeo de *Chirén* estará en manos de *Ogmios*. Pero sólo se convertirá en rey luego de que el emperador muera repentinamente. Sin embargo, por encontrarse en campaña, su investidura se demorará algún tiempo, por lo cual se dice que "llegará tarde", pero en todo caso se reitera lo que se ha dicho ya varias veces: *Ogmios*, como si fuere un nuevo Alejandro –a quien se solía comparar con el mismo Hércules– es todavía demasiado joven para haber acumulado tantos triunfos y ser elevado a la dignidad real:

IV-14
La repentina muerte del primer personaje
habrá cambiado y puesto a otro en el reino,
luego, llegado tarde tan alto y joven edad
que en tierra y mar será preciso que se le tema.

La mort subite du premier personnage
Aura changé & mis un autre au regne:
Tost, tard venu a si haut & bas aage,
Que terre & mer faudra que on le craigne.

Ya habíamos insinuado que la muerte de Enrique V tal vez se produciría luego de la reconquista de Marsella pues, hablando de los prisioneros musulmanes de Córcega y Cerdeña, se mencionó el edicto expedido por "un nuevo rey". Sin embargo, sobre el momento en que muere el emperador no es posible hacer una determinación precisa, ni tampoco sobre las circunstancias del hecho, aunque tal vez podría pensarse que el monarca morirá en un atentado cerca del Ródano como se da a entender en V-17, según la cual: "… el rey fallará, la mano huye a lo largo del Ródano/ los conjurados irán a darle muerte" (*Le Roy failly, la main fut long du Rosne,/ Les coniurez l' iront 'a mort metre*). Lo anterior, a pesar de que se ha interpretado como el anuncio del asesinato del gran rey Enrique IV en 1610, pues el texto presenta algunos elementos que no coinciden con el hecho histórico.

El ascenso de *Ogmios* al trono del imperio no ocurrirá sin grandes conflictos, pues esta suprema dignidad le es disputada por otro hermano bastardo que le sigue en edad, quien convierte al reino, por esta causa, en un mar de maledicencia e intrigas y por eso se dice tanto de él como del reino, que llegarán a ser "roñosos", adjetivación gráfica muy propia del vidente. Aquí se confirma que *Ogmios* es el príncipe renqueante o cojo de que antes se ha hablado:

III-73
Cuando llegue el cojo al reino
competidor tendrá en el próximo bastardo.
Él y el reino llegarán a ser tan roñosos
que antes de que cure será bien tarde.

Quand dans le regne parviendra le boiteux,
Competiteur aura proche bastard,
Luy et le regne viendront si fort roigneux,
Qu'ains qu'il guerisse son faict sera bien tard.

Con la exaltación patriótica que lo caracteriza, el vidente refiere el nacimiento de este gran príncipe, precedido como en los tiempos antiguos, de alguna seña o prodigio como seguro vaticinio de su futura grandeza. Y tanta será su gloria que los demás gobernantes de la Tierra le tendrán por enviado divino, según exagera como es su costumbre, Nostradamus:

IV-93
Una serpiente vista muy cerca del lecho real
será por dama en la noche en que los perros no [ladrarán,
entonces nacerá en Francia un príncipe tan real
que del cielo venido todos los príncipes verán.

Un serpent veu proche du lict Royal,
Sera par dame nuict chien n'abayeront:
Lors naistre en France un Prince tanto Royal,
Du ciel venu tous les Princes verront.

En las mitologías más antiguas, que Nostradamus conocía muy bien, la serpiente significaba la sabiduría divina y la regeneración, como la que ornaba la corona de los faraones egipcios y como el *ouburos*, la serpiente de los gnósticos que se muerde la cola; con ello se quiere expresar que la venida de este príncipe se ha llevado a cabo para cumplir la voluntad divina, es decir, el triunfo final de los cristianos sobre los musulmanes, la regeneración de la Iglesia y el resurgimiento de su propia estirpe. *Ogmión*, como instrumento de la Providencia, continuará la obra de su padre, el rey *Chirén*, y la culminará. El nacimiento de este príncipe ocurrirá cuando la Luna se haya ocultado y "los perros no ladrarán" sutil alusión a la decadencia final de los islámicos. Este hecho ocurrirá cerca de Blois, posiblemente en el campamento de guerra de *Chirén*, donde aparecerá la serpiente, heraldo de la futura gloria del hijo del rey.

En la estrofa V-41 se resalta esta misma idea:

V-41
Nacido bajo las sombras de la jornada nocturna
será en reino y en bondad soberano,
hará renacer su sangre de la antigua urna,
renovando el siglo de oro por el de bronce.

Nay sous les ombres & iournee nocturne,
Sera en regne & bonté souveraine:
Fera renaistre son sang de l'antique urne,
Renouvellant siecle d'or pour l'airain.

Aquí alude el profeta al mito del *siglo de oro* que se inaugurará cuando se consolide el triunfo definitivo sobre los islámicos; será una época de paz y felicidad para toda la especie humana como lo anuncian también muchas otras profecías, entre las cuales vale la pena destacar las de Juan de Jerusalén, que más adelante citaremos.

Schembamphoras. Círculos mágicos para descubrir tesoros enterrados. *En: Ernst Lehner,* Symbols, Signs & Signets, *Dover, 1950.*

TETRAGRAMMA TONAH
ADONAY ELOHIM AHE
SCHAIDE

EL FINAL DE LA GUERRA

Vencidos los mahometanos en el occidente de Europa, un gran ejército ruso, en alianza con los norteamericanos, avanzará contra Turquía, Grecia y posiblemente también contra Irán en las fronteras del Cáucaso, actuando en combinación con las tropas multinacionales comandadas por el rey francés. Muy acertadamente Nostradamus denomina al ejército ruso-americano como "los del polo ártico", es decir, de América del Norte (Estados Unidos y Canadá) y Rusia, potencias que ocupan casi todas las costas sobre el polo ártico del planeta.

VI-21
Cuando los del polo ártico estén unidos,
en Oriente habrá gran espanto y temor,
recién elegido y apoyado, el grande tiembla,
Rodas y Bizancio se teñirán de sangre bárbara.

Quant ceux du polle artiq unis ensemble,
En Orient grand effrayeur & crainte,
Esleu nouveau, soustenu le grand tremble,
Rodes, Bisance de sang Barbare taincte.

El grande "recién elegido y apoyado", no puede ser otro que el sucesor de Selin. Este último, según ya se dijo, ha muerto en Marsella. Desde luego esta elección

La apoteósis de Hércules. *En: Michael Laclotte,*Treasures of the Louvre, *Artabras Publ., 1993.*

pudo haberse tardado mucho tiempo, dada la gran variedad de países e intereses políticos que hacen parte del gran Imperio islámico.

El rey *Ogmios*, al frente de los ejércitos aliados reconquistará Estambul, e impondrá la ley en medio de grandes turbulencias e intrigas políticas:

V-80
Ogmios, a la gran Bizancio se aproximará,
desterrada será la liga barbárica,
de las dos leyes, una, la pagana, cederá.
Bárbaros y francos en perpetuo tumulto.

Logmion grande Bisance approchera,
Chasse sera la Barbarique Ligue:
Des deux loix l'une l'estinique lachera,
Barbare & Franche en perpetuelle brigue.

En este momento los aliados, a quien de acuerdo con su perspectiva de la historia universal, Nostradamus vuelve a llamar "los cruzados", atacan a Grecia (Rodas) y a Egipto (Faros, pequeña isla de las costas egipcias cercana al puerto de Alejandría y famosa por el faro que allí se erigió en 285 a. C.).

V-16
Por su alto precio más sabor a lágrima
la carne humana convertida en ceniza por la muerte,
la isla de Faros perturbada por cruzados,
cuando en Rodas aparecerá el duro espectro.

A son hault pris plus la lerme sabee,
D'humaine chair par mort en cendre mettre,

A l' Isle Pharos par Croisars perturbee
Alors qu'à Rhodes paroistra dur espectre.

Las primeras líneas contienen alusiones a los horrores de la guerra y la final, al hablar de "duro espectro", seguramente se refiere también a la guerra a la que después de varios años de paz bajo el dominio musulmán, será sometida toda Grecia. A este último país, de acuerdo con la figura utilizada constantemente en las *Centurias*, se rcfiere el profeta como Rodas, que al igual que Egipto (Faros), será atacada por los nuevos cruzados, es decir, aquellos que, dado el carácter religioso que Nostradamus le da a la próxima gran conflagración, son los defensores del cristianismo en contra de los "infieles" musulmanes.

Dominado el sur de los Balcanes, Grecia y Turquía, los occidentales avanzarán hacia Siria, Judea y Palestina. Entonces "el gran imperio bárbaro sucumbirá", según se lee en III-97:

III-97
Una nueva ley ocupará una nueva tierra
hacia Siria, Judea y Palestina.
El gran imperio bárbaro sucumbirá
antes de que Febe (la Luna), su siglo determine.

Nouvelle loy terre nueve occuper,
Vers la Syrie, Iudee & Palestine:
Le grand empire barbare corruer,
Avant que Phebés son siécle détermine.

Ogmios, como lo hicieron en la Edad Media varios reyes europeos y como un nuevo cruzado, conducirá personalmente los ejércitos occidentales, acompañado por los rusos ("los del norte"). Aquí Nostradamus distingue a las tropas de los países regidos monárquicamente, principalmente Francia y su gran imperio continental junto con los británicos (a quienes llama los *blancos*), de los regidos por gobiernos republicanos, principalmente los norteamericanos y rusos (*los rojos*). El ataque se dirigirá contra "Babilonia", es decir lo que hoy es Irak, país cuya radical política antioccidental atizó fuertemente el conflicto.

X-86
Como un grifo vendrá el rey de Europa,
acompañado por los del Norte,
conducirá una gran tropa de rojos y blancos
e irán contra el rey de Babilonia.

Comme un gryphon viendra le Roy d'Europe,
Accompagné de ceux d'Aquilon,
De rouges & blancs conduira grand troupe,
Et iront contre le Roy de Babylon.

Al comparar a *Ogmios* con un grifo, tal vez Nostradamus alude al cabello enmarañado del rey-guerrero o a que el grifo, animal mitológico mezcla de león y águila, simboliza la alianza entre los británicos y los norteamericanos, personificando él mismo, a su país.

Las grandes batallas que decidirán la suerte del Medio Oriente y pondrán fin a la guerra se darán en los campos de Media (Irán), Arabia y Armenia y, concretamente, cerca del río Araxes, en donde, después de tres grandes combates, los islámicos sucumbirán. El gran Solimán, al que se refiere la línea final de la cuarteta, es sin duda, el sucesor de Selin. Como siempre, Nostradamus, al predecir el futuro, no deja de aludir al pasado, de acuerdo con la creencia tradicional según la cual la historia se repite de acuerdo con ciclos precisos:

III-31
En los campos de Media, Arabia y Armenia,
dos grandes ejércitos se encontrarán tres veces
cerca del río Araxes.
Las gentes del gran Solimán caerán.

Aux champs de Mede, d'Arabe & d'Armenie
Deux grands copies trois fois s'assembleront,
Pres du rivage d'Araxes la mesgnie
Du grand Soliman en terre tomberont.

El río Araxes, que marca las fronteras entre Turquía, Armenia, Azerbaiján e Irán, es de una gran importancia estratégica, como lo demuestra el hecho de que ha sido escenario de grandes batallas en el pasado. Todo indica que, derrotados por fin los restos de los ejércitos islámicos en las proximidades de dicho río, terminará la tercera guerra mundial, la más sangrienta y desastrosa de cuantas ha padecido la humanidad.

Después de estas grandes victorias, el rey francés, *Ogmios* o Hércules, hará su entrada triunfal en Menfis (Egipto, hoy El Cairo) en medio de grandes avenidas bellamente ornamentadas, luego de haber sometido por mar y por tierra lo que resta de las fuerzas enemigas:

X-79
Los viejos caminos serán todos embellecidos,
se pasará a Menfis advertido

el gran Mercurio de Hércules flor de lis
haciendo temblar el mar, la tierra y las regiones.

Les vieux chemins seront tous embellis,
Lon passera à Menphis somentrees,
Se grand Mercure d'Hercules fleur de lys
Faissant trembler terre, mer & contrees.

La alusión a Mercurio puede referirse al carácter que éste tenía como mensajero de los dioses, pues con la apoteosis del triunfo final del rey francés se quiere resaltar, una vez más, el cumplimiento de la misteriosa voluntad divina.

Esta idea es completada en IV-20 en los siguientes términos:

IV-20
Paz y abundancia mucho tiempo el lugar alabará
en todo su reino engastada la flor de lis:
A los cuerpos muertos por agua se llevará a la tierra
(que habían) esperado en vano ser allá enterrados.

Paix uberté long temps lieu louera
Par tout son regne de sert la fleur de lys:
Corps morts d'eau, terre là lon apportera,
Sperants vain heur d' estre là ensevelis.

Después de indicar el período de paz y prosperidad que se inicia en todos los lugares en que la flor de lis está, como bella joya, engastada, se dice que los cadáveres de muchos franceses que habían muerto en las grandes batallas navales serán recuperados para ser sepultados en su patria.

En IX-66, se habla nuevamente de esta nueva edad de oro, en la cual no sólo habrá paz, sino también un estado idílico de igualdad social ("el bajo subirá y el alto descenderá mucho"). Se habla, además, de la preparación de un viaje (¿exploración del espacio exterior?) y se afirma que, en cambio de los interminables y terribles conflictos que ha padecido siempre la humanidad, y como fruto del más grande tormento (la guerra que acaba de pasar), se impondrán los tribunales internacionales y sus procedimientos jurídicos:

IX-66
Habrá paz, unión y cambios
en los estados, en los servicios, el bajo subirá y el alto
[descenderá mucho.
Se prepara viaje, el fruto del primer tormento,
la guerra cesará, procesos civiles debatidos.

Paix, union sera & changement,
Estats, offices, bas haut & haut bien bas,
Dresser voyage, le fruict premier tourment,
Guerre cesser, civil procez debats.

ALGASTNA
DAGERAM
ADAM
ALGAR

REFLEXIÓN FINAL

La historia universal presenta una sucesión interminable de guerras, matanzas, crueldades y crímenes de toda clase. La verdad es que, a pesar de nuestro constante progreso material, el ser humano sigue siendo el mismo de siempre: intolerante, despiadado y violento. Por ello, los episodios a que se refieren las profecías del gran vidente de Salon, en realidad no nos sorprenden y sólo nos inquietan en la medida en que seremos nosotros mismos sus protagonistas o sus víctimas en una época de renovada destrucción. Se trataría solamente de una nueva versión de las espantosas matanzas de Atila, de Gengis Kan, de Tamerlán, de las Cruzadas, de las guerras de religión en Europa o de las dos grandes guerras mundiales del siglo XX, con la única diferencia de que ahora contamos con medios de devastación y muerte mucho más eficaces.

La creencia en el eterno retorno, que de alguna manera se insinúa en las *Centurias*, parece confirmar este ineluctable destino. Es inevitable reincidir en el odio y la guerra, porque esta constante repetición de los ciclos es una ley de la naturaleza al igual que los períodos alternados de día y de noche, de verano e invierno, de calor y frío. Occidente, a pesar de su progreso material, no podrá evitar este movimiento pendular de la historia. Por eso Cioran, el más lúcido y amargo de los pensadores contemporáneos, hace este sombrío vaticinio:

Rembrandt van Rijn, Mago, *ilustración para el* Fausto *de Goethe, grabado, siglo XVII. En: Francis King,* Magic The Western Tradition, *Thames and Hudson, 1975.*

"Tal cual es, Occidente no subsistirá indefinidamente: se prepara para su fin, no sin conocer un período de sorpresas... Pensemos en lo que ocurrió entre los siglos V y X. Una crisis mucho más grave le espera, otro estilo se dibujará, se formarán pueblos nuevos. Por el momento, afrontemos el caos..."[14].

Estos ritmos sociales en principio parecen inevitables, como lo son los grandes cataclismos de la naturaleza, los terremotos y huracanes. Son los ciclos de locura furiosa de un ser dominado por oscuros instintos y que, sólo parcialmente obra de manera racional. Por eso es cierto, como decía Gurdjieff, que el tema principal de la historia del mundo lo conforman estos "estallidos periódicos de destrucción recíproca".

Nostradamus da a la inminente confrontación un aire de Cruzada que hoy evidentemente nos parece anacrónico: la guerra de la Cristiandad contra los infieles. Esa era su forma de concebir los hechos que se avecinan, porque el vidente forzosamente ha de interpretar sus propias visiones imprimiéndoles su particular perspectiva, siempre teñida con sus valores y creencias. Para un sincero católico como él, la historia no podía ser otra cosa que el despliegue, en la vida humana, de la fe, de sus luchas y adversidades y también de sus triunfos.

Las profecías del vidente de Salon parecen marcadas por un hondo fatalismo. En cada página, casi en cada estrofa, campean la destrucción y la muerte.Y esto ocurre como cumplimiento del implacable dictado de los astros, instrumentos de la voluntad divina que ordena destruir para edificar y extraer el bien de los abismos

[14] E. M. Cioran. *Adiós a la filosofía y otros textos*. Alianza Editorial, Madrid, 1998, pág. 26.

del mal. Sólo puede florecer algo de felicidad y de paz si se ha pasado antes por interminables épocas de tormento y angustia. Tal es la inclemente ley de la misteriosa evolución de la especie.

Desde un punto de vista mundano, lo que ahora ocurre no es otra cosa que el enfrentamiento entre dos culturas que han permanecido por siglos en constante rivalidad. En el pasado, la confrontación tuvo un cariz claramente religioso porque, además de los factores políticos y económicos siempre presentes, la posesión de la Tierra Santa fue el factor desencadenante de una lucha que se inició con la consigna "Dios lo quiere", proclamada por Pedro el Ermitaño y bendecida por la Iglesia. Hoy, la guerra obecede a factores más complejos aunque el componente religioso ocupa un papel preponderante para el Islam. Para los musulmanes, en efecto, es el islam, y sólo él, el factor de cohesión imprescindible entre pueblos tan disímiles. La "guerra santa", por tanto, tiene sentido justamente por esta connotación religiosa: guerra contra los infieles occidentales y su decadente civilización.

Pero para nosotros no es igual, porque lo puramente religioso tiene un valor relativo y lo cultural en su conjunto es lo que exacerba los antagonismos. La confusión entre lo religioso y lo secular, la forma de concebir la familia, la libertad y los derechos individuales, la actitud ante la mujer y ante los no creyentes es fundamentalmente lo que hace del islam un antagonista cultural tan radical.

Dada la injerencia imperialista de los intereses occidentales en el mundo islámico y la violenta resistencia que la misma genera, como también el empleo, cada vez más indiscriminado y feroz de métodos terroristas, la guerra anunciada es ciertamente muy posible. Y a esta conclusión puede arribarse, atendiendo no sólo a tales factores, sino también a los indiscutibles aciertos de Nostradamus, quien, como lo hemos visto, anticipó muchos de los más importantes acontecimientos de la historia universal, muchos de sus grandes protagonistas y de las complejas y variadas circunstancias en que se desenvolvieron, anticipaciones tan sorprendentes que incluso llegan a detalles irrelevantes, pero increíblemente exactos.

No obstante, existe también un margen de esperanza. Los antiguos creían que toda profecía venía directamente de la divinidad; pero hoy sabemos, de acuerdo con la investigación parasicológica, que se trata de una facultad de la mente humana que, como tal, necesariamente es falible. Y si en el *Fausto* de Goethe, la obra del vidente provenzal aparece como la de un dios, esto, desde luego, es sólo una forma de manifestar inmensa admiración por ella, pero no significa se le deba considerar como escritura revelada e infalible. Es el propio Nostradamus quien acepta que sus predicciones, no tienen por qué ocurrir inexorablemente, pues como lo dice, también, en la carta a su hijo: "las aventuras aquí definidas no están determinadas... todo es regido y gobernado por el poder inconmensurable de Dios". Y ello porque, a pesar de todo, el libre albedrío del ser humano de alguna manera puede alterar el curso de los acontecimientos.

El vidente puede apreciar, por tanto, sólo algunas de las innumerables líneas de una posible evolución de las tendencias y de las decisiones humanas, pero en definitiva su concreción en el caso de que la gran guerra anunciada dependerá de que la libertad del hombre sucumba ante su tendencia natural a la destrucción periódica, como por desgracia parece estar ocurriendo. Y si como lo demuestra toda la historia y ya lo hemos señalado, realmente existe una tendencia natural al conflicto con la resultante repetición de los ciclos de destrucción y de guerra, existe también un margen de autodeterminación y de libertad en virtud del cual el hombre puede imponerse a la naturaleza y romper, al menos en parte, su fatalidad. Lo hizo en el pasado cuando Asoka, emperador de la India, después de atroces carnicerías se convierte al budismo y proclama en sus famosos edictos esculpidos en piedra, la tolerancia religiosa y cuando, en el seno del islam, Abderramán I establece la pacífica convivencia de musulmanes, judíos y cristianos en el reino moro de Andalucía. También en Europa, cuando católicos y protestantes, después de feroces guerras aprendieron a vivir en paz. Tal parece entonces que el esfuerzo evolutivo de la especie humana consiste en la superación de los instintos puramente naturales de egoísmo y agresión para elevarse, con enorme dificultad, a un plano más espiritual en el que el hombre es capaz de reconocer la unidad esencial y la solidaridad entre todos los seres humanos. Ciertamente, no puede existir un logro más grande. Todo progreso verdadero es un progreso moral mucho más que económico o científico-técnico.

Y si es verdad que hondas diferencias alimentan el radical enfrentamiento entre el islam y Occidente, también hay entre ellos elementos comunes que permitirían cimentar una pacífica y tolerante convivencia; es más, una auténtica hermandad entre islámicos y cristianos. Porque tanto la fe musulmana como la cristiana se apoyan en la firme creencia en un Dios providente y misericordioso y en la caridad y las buenas obras como imperativos de una ética superior; en una palabra, en el sentido espiritual de la vida. Mahoma proclamó siempre su respeto por Moisés y por Jesús y es, por tanto, un contrasentido que los seguidores de estos grandes maestros se profesen entre sí un odio tan implacable como el que proclaman los extremistas de ambos bandos. La convivencia entre los diferentes es –qué duda cabe– el mayor imperativo de la sociedad humana y no queda otra alternativa frente a la recíproca destrucción que se cierne sobre nosotros como una posibilidad real. El peor de los peligros para la sociedad humana –han señalado importantes pensadores como R. Garaudy, que ha sabido valorar tanto al marxismo como al cristianismo y al islam– es el integrismo religioso o político, es decir, la pretensión de poseer la verdad absoluta que se pretende imponer por la fuerza a todos los seres humanos: "Ninguna fe, ninguna comunidad, puede agotar la experiencia del absoluto ni hacer triunfar la unidad planetaria contra las rebeliones particularistas y los integrismos de los individuos, las naciones, las iglesias o los partidos. La victoria del futuro sobre el pasado, del uno y del todo contra los particularismos arcaicos, del diálogo sobre el integrismo, de la sinfonía sobre las hegemonías, sería una victoria del espíritu"[15].

La interminable destrucción y la increíble ferocidad de todas las guerras nos hacen pensar en lo absurdo de la historia. Pero no podemos adherir a la creencia en la inutilidad de todo el esfuerzo humano no sólo por el carácter autodestructivo de tal idea, sino porque realmente no poseemos todos los datos del problema. Es

[15] Roger Garaudy. *Los integrismos*. Gedisa, Barcelona, pág.146.

decir, nada sabemos con seguridad sobre los propósitos últimos de nuestra existencia; éste es un campo misterioso que queda abierto a la fe profunda en el destino del hombre, fe que trasciende toda reflexión puramente racional y que, a pesar de todas las evidencias, ciertas, reales, abrumadoras, permite que el ser humano se abra a una confianza irrenunciable en la vida. Es una "apuesta" a la manera de Pascal: la vida y la historia humana en su conjunto tienen sentido. Pero esta afirmación no es el resultado de un jucio lógico sino de una decisión del hombre entero que no está demostrada por la razón, pero que trata de justificarse ante ella. Por ello, más que buscar el sentido de las cosas hay que actuar para que lo tengan.

El anuncio glorioso de una nueva edad de oro, también se encuentra en la obra inmensa del profeta. Así revive uno de los mitos arquetípicos más poderosos de la cultura humana que da lugar a una honda, suprarracional e indestructible convicción de que el hombre, algún día, llegará a ser feliz viviendo en armonía y en paz como lo hizo en un mítico pasado que en el futuro volverá a ser presente. Es una idea-fuerza que se ha expresado de mil maneras que van desde el gobierno de los reyes divinos de la Atlántida, la parusía del Apocalipsis y el paraíso socialista, hasta el milenio del Tercer Reich nazi.

Pero el advenimiento de esta nueva edad debe ocurrir por la obra de un gran hombre, del héroe sobrehumano que dará cumplimiento al designio divino que estatuye eras de prosperidad y de paz después de las espantosas tragedias de las edades de confusión y odio. Este hombre providencial, para Nostradamus, no es otro que el gran *Chirén*, el rey francés Enrique V, de cuyo triunfo sobre los musulmanes surgirá el reinado de su hijo *Ogmios* que da paso a la era de paz universal anunciada; la renovada edad de oro que inexorablemente deberá llegar, de acuerdo con los grandes ciclos temporales. Así se cumplirá el arquetipo profético del gran rey cristiano del mundo que al final de una era de destrucción, instaura otra de paz y armonía. Nunca ha existido tal era pero tampoco nunca el mito dejará de ejercer su poderosa influencia sobre la mente colectiva y sus arcanos modelos arquetípicos.

El contenido profundo, el significado, de estos grandes mitos nos habla de la unión indisoluble entre el gobierno mundano y los valores espirituales superiores. Quienes ejerzan el poder deben hacerlo como las encarnaciones vivientes del divino propósito, y de una ética que trasciende lo puramente humano, porque sólo recuperando lo trascendente la sociedad saldrá del caos que por todas partes impera. Nicolás Gómez Dávila, maestro de las ideas tradicionalistas, considera que el gran pecado del hombre moderno ha sido su pretensión de autonomía, su total negación de una dependencia tanto de leyes naturales o cósmicas como de una divinidad trascendente. Y recordando a Platón de quien se sabe fue un iniciado, diremos que solamente se podrá alcanzar la felicidad en la vida social cuando los valores espirituales se encarnen en gobernantes que practiquen la virtud que es propia del verdadero filósofo: "mientras no se unan en una misma persona el poder político y la filosofía, no habrá fin para los males de los estados, ni para el género humano...", escribió el gran pensador heleno.

Pierre de Ronsard, gran renovador de la poesía lírica francesa, creía que Nostradamus pertenecía a una vieja tradición profética. Ello es muy posible. Quizá alguno de los extraños libros que el vidente estudió y a los que luego puso fuego, ardiendo "con un brillo inusual", contenía las profecías de Juan de Jerusalén, uno de los fundadores de la Orden Templaria. Recuperado este texto, hay en él claras y extraordinarias alusiones a nuestra época:

Será el tiempo de un nuevo vigor de la fe
después de los días negros del inicio del año mil
que viene después del año mil.
empezarán los días felices:
El hombre reencontrará el camino de los hombres
y la tierra será ordenada.
...
Pero esto vendrá después de las guerras y los incendios,
esto surgirá de los escombros ennegrecidos de las
[torres de Babel
y habrá sido necesario el puño de hierro
para que se ordene el desorden
y el hombre encuentre el buen camino...

Ce sera le temps d'une nouvelle vigueur de la Foi
Après les jours noirs du commencement de l'An Mille qui
Vient après l´An Mille
S'ouvriront des jours hereux
L'homme retrouvera le chemin des hommes
Et la terre sera ordonnée
...
Mais cela viendra après les guerres et les incendies
Cela surgira des décombres
Noircis des tours de Babel
Et il aura fallu la poigne ferrée

pour que s'ordonne le dérsodre
Et que l'homme retrouve le bon chemin»[16].

Hoy estas grandiosas ideas, después de tantos años de racionalismo, de ciencia y de escepticismo hacen sonreír a muchos porque, ciertamente, parecen extremadamente utópicas. Pero no debemos olvidar que tanto la idea de la edad de oro como la del monarca universal de justicia y paz pertenecen al inconsciente colectivo de la especie, y han existido en ella hondamente arraigadas durante centenares de años, muchos más que las concepciones ahora vigentes y su incredulidad racionalista. Y toda idea arquetípica tenderá a su realización cuando el péndulo de la historia vuelva a su otro extremo para anunciar que ha llegado su hora. Tal vez más pronto de lo que imaginamos.

[16] *Op. cit.*, págs. 141 y 175.

Observadores babilónicos del cielo, *grabado, 1800 a. C. En: Allan Zola Kronzek y Elzabeth Kronzek,* El diccionario del mago, *Ediciones B, 2003.*

TERRÆ·MO TVS

אל

GLOSARIO

AUSONIA, nombre antiguo de Italia.

BIZANCIO, nombre de la gran ciudad de Constantinopla, capital del Imperio bizantino. Hoy Estambul, importante ciudad de Turquía, estratégicamente situada entre Europa y Asia Menor.

CARMANIA, nombre antiguo de lo que hoy es Afganistán y parte de Irán.

CRUZADAS, nombre dado a las expediciones militares organizadas por la Europa cristiana durante los siglos XI a XIII con el propósito de recuperar la Tierra Santa que los musulmanes habían conquistado. Estas guerras se caracterizaron por su ferocidad y aún se encuentran presentes en la conciencia del mundo islámico como prueba de la agresión occidental.

DALMACIA, nombre romano de lo que modernamente se conoció como Yugoslavia.

DELFÍN, título dado al primogénito heredero del rey de Francia.

FEZ, nombre del territorio del actual Marruecos.

GALIAS Y GALOS, las Galias es el nombre con que los antiguos romanos designaron el territorio que hoy corresponde aproximadamente a Francia y parte del norte de Italia. Con la denominación de galos se alude a los franceses. Los antiguos galos debieron su nombre y el de las tierras que ocuparon al gallo que llegó a constituir un verdadero símbolo nacional (el *coq gaullois*).

GERMANIA Y GERMANOS, nombre antiguo de Alemania y de su pueblo, caracterizado por su espíritu guerrero.

HESPÉRIDES o HESPERIA, es el nombre que los antiguos griegos daban a Italia y los romanos a España y, en general, al Occidente.

HISPANIA, nombre antiguo de España.

ISLAM, religión fundada por Mahoma en Arabia en 622 d. C. que muy pronto se extendió por buena parte de Asia, África y Europa. Actualmente el islam abarca un gran número de países, que van desde Marruecos hasta Indonesia, con más de mil millones de fieles. También se alude con esta expresión a la cultura originada en la enseñanza de esta religión. Sus enseñanzas se encuentran en su libro sagrado, el Corán, el cual establece la creencia en un solo Dios todopoderoso, a cuya voluntad debe someterse incondicionalmente el hombre. El Corán contiene los dogmas y preceptos morales que constituyen la base de la civilización musulmana y la fuente de su derecho.

MAHOMA, profeta y fundador del islam, nació en La Meca (hoy Arabia Saudita) en el año 570 d. C., y murió en el 632. Después de haber meditado varios años sobre la reforma religiosa de la nación árabe, convirtió a numerosos discípulos como único portador de la revelación divina, pero también debió luchar contra muchos enemigos a los que finalmente derrotó. Se le atribuye la redacción del Corán, libro sagrado que él aseguró haber sido dictado por Dios.

MAHOMETANOS, los seguidores de la religión enseñada por Mahoma, es decir los musulmanes o islámicos.

MESOPOTAMIA, nombre antiguo del territorio comprendido entre los ríos Tigris y Éufrates, hoy Irak.

MOROS, se alude con este término a los musulmanes de España, provenientes del norte de África, pero por extensión se aplica a todos los musulmanes .

MUSULMÁN, el que profesa la religión de Mahoma, practicando la entrega a Dios que enseña el islam. Todo musulmán debe orar cinco veces en el día en dirección a La Meca, a la cual también debe ir en peregrinación por lo menos una vez en la vida.

OTOMANO, se dice del gran Imperio turco que llegó a cubrir buena parte del Medio Oriente, Egipto y norte de África y que después de la conquista de Constantinopla en 1453 se apoderó del este de Europa, llegando hasta las puertas mismas de Viena. Su decadencia se prolongó por varios siglos hasta extinguirse definitivamente al finalizar la primera guerra mundial en 1918.

PANONIA, nombre dado por los romanos a Hungría.

PERSIA, nombre antiguo de lo que hoy es Irán.

SABINO, antiguo pueblo latino establecido cerca de Roma.

SACRO IMPERIO ROMANO, unión política del emperador de Alemania, bajo la tutela de la Iglesia católica.

SARRACENOS, es el nombre que los cristianos europeos dieron durante la Edad Media a los musulmanes. Así se dice por ejemplo que en el año 732, con la batalla de Poitiers, en Francia, Carlos Martel detuvo el avance de los sarracenos en el centro de Europa.

BIBLIOGRAFÍA

BERGMAN, KLAUS, *Las profecías de Nostradamus*, Edimat libros, Madrid, 1999.

BLAVASTSKY, H. P., *La doctrina secreta*. Vol. III. Kier, Buenos Aires, 1980.

CIORAN, E. M., *Adiós a la filosofía y otros textos*. Alianza Editorial, Madrid, 1998.

FONTBRUNE, JEAN-CHARLES DE, *Nostradamus, historiador y profeta*. Círculo de Lectores, Barcelona, 1973.

GARAUDY, ROGER. *Los integrismos*. Barcelona, Gedisa.

HUNTINGTON, SAMUEL P., *El choque de civilizaciones y la reconfiguración del orden mundial*. Paidós, Barcelona, 1997.

Las profecías de los templarios. Tikal, Girona, 1996.

MAURI, A. Y D'AREAU, F., *Nostradamus, todas sus profecías*, Tikal ediciones, Barcelona, 2000.

OVASON, DAVID, *Los secretos de Nostradamus*. Plaza & Janés, 1999.

PICHON, JEAN CHARLES, *Nostradamus descifrado*, Barcelona, Plaza & Janes, 1973.

QUEVEDO, ÓSCAR G., *El rostro oculto de la mente*. Sal Terrae, Santander, 1976.

SAGAN, CARL, *Cosmos*. Planeta, Barcelona, 1982, pág. 78.